Dan

COMUNIDAD SEGURA

Cultivando una relación saludable para la convivencia en la comunidad de fe y para el trabajo en equipo

Comunidad Segura
1st edition
© Copyright 2020 por el author

Ninguna parte de esta publicación puede ser reproducida, almacenada o transmitida de manera alguna ni por ningún medio, sea electrónico, químico, mecánico, óptico, de grabación o de fotografía, sin permiso previo por escrito del autor.

Para comunicarse con el autor:
pastordanielprieto@gmail.com

Cuando no se indica la versión de las citas bíblicas corresponde a la versión Reina Valera, revisión 1960 (RV60). Las negritas en las citas bíblicas son énfasis añadido del autor.

Edición:
Luis Manoukian
luismanoukian@gmail.com

Diagramación:
Editorial Somos el Consuelo / Mary Beth Lacey

Diseño de tapa:
Editorial Somos el Consuelo / Candela Cristina

Impreso en Estados Unidos de América

conexión pastoral

DEDICATORIA

A todos los pastores y obreros

de todos los tiempos y de todo el mundo

que fielmente sirven y lideran en las iglesias

para que sean comunidades saludables

y seguras para sus miembros.

CONTENIDO

Prólogo 7

Introducción: No mas autopsias 13

Sección 1: SEAMOS COMUNIDAD

Capítulo 1
Koinonia 21

Capítulo 2
Comunidad de Dios 25

Capítulo 3
Relación con Dios 29

Capítulo 4
Enfoque de parte de Dios 39

Capítulo 5
Colaboradores de Dios 37

Capítulo 6
Equipo para servir a Dios 43

Sección 2: DEMOS SEGURIDAD

Chapter 7
Diplomacia religiosa 53

Capítulo 8
Honestidad relacional 57

Capítulo 9
Monólogo gerencial 65

Capítulo 10
Conversación intencional 73

Capítulo 11
Juicio congregacional 81

Capítulo 12
Evaluación personal 85

Capítulo 13
Crítica destructiva y envidiosa 93

Capítulo 14
Reconocimiento del otro 99

Capítulo 15
Manipulación humana 107

Capítulo 16
Empoderamiento del otro 113

Conclusión 119

Guía para la lectura y el diálogo en grupo 123
Guía de lectura y diálogo para 4 meses 127

PRÓLOGO

Hace mucho tiempo que he querido escribir este libro.

Por muchos años acostumbro a iniciar la Escuela de Formación Pastoral conversando sobre una comunidad segura. Porque no puedo invitar a los participantes de los Intensivos a un proceso de diálogo y autorreflexión, evaluación y diagnóstico personal que los lleve a la toma de dediciones para el cambio si no se sienten que están en un espacio en el que están seguros. Un espacio donde pueden dialogar con transparencia, donde cada uno se confronta a sí mismo con honestidad porque está convencido que al abrir su corazón y hacerse vulnerable frente a los demás, encontrará compasión, empatía y por sobre todo una mano amiga que lo ayude a crecer, a cambiar, a fortalecerse y, de ser necesario, ser restaurado.

Pero ahora, me alegra muchísimo poder publicar lo que hemos dialogado con cientos de pastores, líderes y miembros de iglesias locales a través de los Intensivos de Formación Pastoral.

Comunidad Segura trata algunos de los paradigmas bíblicos, que entiendo, necesitamos volver a analizar como iglesia si hemos de ser más que expresiones litúrgicas semanales o instituciones que se organizan para buscar el cumplimiento de una visión. Somos la iglesia de Cristo, la cual siendo por naturaleza espiritual, quienes la componen, el cuerpo de Cristo, viven y se nuclean en comunidades. Estas comunidades no son ni más ni menos que espacios donde los creyentes se relacionan entre sí para la convivencia y para el servicio a Dios.

Y esas comunidades cristianas tienen el desafío de expresar a Jesús en sus relaciones interpersonales y comportarse juntos, como lo que son,

Y esas comunidades cristianas tienen el desafío de expresar a Jesús en sus relaciones interpersonales y comportarse juntos, como lo que son, el cuerpo de Cristo. Lo cierto es que muchas de las iglesias locales lo reflejan. Cuando alguien participa de su vida comunitaria puede experimentar entre ellos el carácter de Jesús, el amor de Dios, la presencia y obra del Espíritu Santo.

Pero también es cierto que muchas de las iglesias llamadas cristianas son espacios comunes o comunitarios muy insalubres, donde es más fácil perderse que salvarse. Donde es más fácil enfermarse que sanarse, cuando eres parte de ellos.

Por esta razón **Comunidad segura** es una invitación a la reflexión bíblica, a discernir la voz del Espíritu Santo y a asumir nuestra responsabilidad como hijos de Dios y como iglesia de Jesucristo.

En la introducción del libro menciono cómo empecé a desarrollar una mayor conciencia de la necesidad de cultivar una Comunidad Segura en la iglesia, en las comunidades pastorales y en los equipos de ministerios. El resto del libro está dividido en dos sesiones, en la Sesión 1 trato la importancia de ser comunidad. Y en la Sesión 2 trato acerca de cómo dar seguridad en la comunidad.

Primero, no podemos hablar de comunidad segura si no nos ponemos de acuerdo sobre qué es comunidad para nosotros. Por eso en la primera parte del libro desarrollo los principios de la *koinonia*, una palabra griega que se usa 27 veces en el Nuevo Testamento –8 veces como verbo y 19 veces como sustantivo– para describir a la primera iglesia en su relación comunitaria. Así koinonia es mucho más que congregarnos para celebrar una reunión. *Koinonia* es una comunidad de Dios donde se practica la generosidad, una relación con Dios donde se vive la misma consagración, un enfoque de parte de Dios con los mismos propósitos e intereses, con muchos colaboradores de Dios que viven en compañerismo y un equipo para servir a Dios donde todos realizan el mismo esfuerzo.

Segundo, no podemos hablar de comunidad segura si no definimos seguridad y cómo podemos dar seguridad a los miembros de la comunidad.

Desde la semántica la palabra *seguridad* tiene sus raíces en la palabra latina *securitas*, que significa sin preocupaciones, sin problemas, libre de preocupaciones, amenazas o problemas, Esto incluye sentirse a salvo de cualquier daño que otro pueda causar.

Así que, definimos comunidad segura como un grupo de personas que pueden convivir y servir juntos al Señor Jesús sintiéndose a salvo de cualquier daño que otro pueda causar, no porque no haya problemas, sino porque hay una intención clara en los miembros del grupo de cultivar una salud bíblica y espiritual en sus relaciones interpersonales.

Entonces, entendiendo comunidad desde el principio bíblico de *koinonia*, reflexiono en la segunda parte de este libro sobre aquellas virtudes comunitarias que dan seguridad a los miembros del grupo. Los principios bíblicos de la honestidad relacional, la conversación intencional, la evaluación personal, el reconocimiento y el empoderamiento del otro. Estos son catalizadores de la salud de la iglesia como comunidad, dando seguridad a sus miembros.

Pero también trato sobre aquellos defectos que hacen de nuestras comunidades de fe espacios comunes enfermizos, insalubres y muy inseguros. Por eso encontrará que expongo actitudes o conductas tales como la diplomacia religiosa, el monólogo gerencial, el juicio congregacional, la crítica destructiva y la manipulación humana. Defectos que se presentan en las iglesias y en los equipos ministeriales creando ambientes muy inseguros para sus miembros.

En consecuencia, como dijera el apóstol Pablo, tenemos muchos enfermos entre nosotros y otros ya han muerto. Quizás algunos han muerto físicamente, pero muchos mueren en lo emocional, en lo espiritual o ministerialmente por causa de estos defectos en la manera de convivir y servir.

Tercero, no escribo este libro con un espíritu de juicio condenatorio sobre la iglesia y sus líderes. Muy por el contrario, lo escribo con un espíritu profético y de gracia. Buscando ver una iglesia que siendo confrontada por la Palabra y por el Espíritu Santo pueda despertar y reaccionar, si así es necesario, para desarrollar salud en sus espacios comunes. Esa salud que hace de nuestras comunidades un lugar de encuentro entre Dios y el hombre. Donde el hombre se sienta libre de rendirse a Dios sin que nada ni nadie lo estorbe. Pero también espacios comunitarios de fe donde Dios pueda traer redención al espíritu, al alma, al cuerpo de cada persona y de cada familia, sin que nada ni nadie lo estorbe.

Cuarto, escribo este libro para que se pueda usar en los procesos de discipulados de las iglesias locales. Este material está diseñado como una guía para el devocional personal y la conversación en grupos de discipulado. Se presenta en capítulos breves que al final tienen preguntas para la reflexión y el diálogo. La expectativa es que se pueda usar para cultivar una comunidad segura combinando la lectura individual con la lectura grupal, la reflexión personal con el diálogo comunitario. Si el grupo decide reunirse una vez a la semana, entonces cada capítulo puede servir como lectura devocional diaria, donde los miembros del grupo pueden responder a las preguntas reflexionando individualmente sobre el tema tratado.

Al reunirse el facilitador del grupo puede comenzar la reunión dando un enfoque general de la lectura de la semana. Pero lo más importante es que durante la reunión semanal todos dialoguen sobre lo leído y sobre las respuestas a las preguntas, con la intención de escuchar a Dios hablándoles como individuos y como grupo. El diálogo del grupo debe desarrollarse contestando dos preguntas fundamentales: ¿Qué me está diciendo el Señor como individuo? Y ¿qué nos está diciendo el Señor como grupo?

Al final del libro encontrarás sugerencias para leerlo en grupo.

Por último, Comunidad Segura es una invitación a cultivar una relación saludable para la Al final del libro encontrarás sugerencias para leerlo en grupo. convivencia en la comunidad de fe y para el trabajo en equipo de los ministerios de la iglesia. Mientras más saludables sean las relaciones interpersonales en la iglesia y en sus ministerios, más habilitada estará la iglesia para ser protagonista de, y cumplir con, la misión de Dios.

Seamos una comunidad de Dios a través de la cual Jesucristo se presente en este mundo, en esta sociedad, para alcanzar y bendecir a todas las familias de la tierra con salvación y vida eterna.

No puedo cerrar este prefacio sin agradecer por la paciencia que todos han tenido conmigo en las iglesias que el Señor me ha permitido pastorear, a mis mentores que con amor me han corregido, a aquellos colegas de ministerios que más que colegas han sido amigos, y a mi esposa y mis hijas que siempre han creído en mí y en el llamado que Dios me hizo.

A todos soy deudor, porque yo soy el primero que, en el camino de la vida con Jesús, y especialmente en el ministerio, he tenido que aprender a ser un miembro y un pastor comprometido con la salud de la iglesia para que sea una comunidad segura.

Un agradecimiento muy especial a mi esposa Mónica por ser mi compañera incondicional y por creer en este proyecto y tomar el tiempo para leerlo, criticarlo constructivamente y contribuir con comentarios y recomendaciones muy acertadas y enriquecedoras para el orden y el contenido de todo el libro.

Que la gracia del Señor Jesucristo, el amor de Dios, y la comunión del Espíritu Santo sean con todos vosotros. Amén (2 Corintios 13:14).

Daniel Prieto

INTRODUCCIÓN

No más autopsias

Cómo pastor, líder y pastor de pastores, me he encontrado más de una vez, no pocas, con la sensación de que lo único que puedo hacer es una autopsia pastoral, llegando a la realidad del otro cuando ya su vida espiritual, su relación matrimonial o su ministerio ha muerto y lo único que queda por hacer es abrir el "cadáver" y ver por qué murió. Me he encontrado muchas veces con la única posibilidad de indagar y sacar conclusiones de cuáles fueron las causas por las que la vida espiritual, el matrimonio, la familia, el ministerio o la iglesia se habían muerto, sin la posibilidad de revivirlos.

Un día llegué a casa y con mucha frustración le dije a Mónica, mi esposa, que Dios no me había llamado a ser un "médico forense" que analiza las causas de la muerte espiritual, familiar y ministerial de miembros de la iglesia o de aquellos que están liderando la iglesia, sino que Dios me había llamado a ser pastor trayendo vida plena a los demás. Dije: "Ya no quiero hacer más autopsias". No estaba dispuesto a seguir descubriendo tarde, a destiempo, cuando ya no hay mucho que se puede hacer, ante esos fracasos personales, familiares y ministeriales de aquellos que un día con un alto sentido de obediencia a Dios le dijeron sí para seguirle en sus caminos y para servirle en el ministerio.

Muchas preguntas surgieron en aquel momento, pero quizás la más importante para mí era ¿por qué ninguna de esas personas contaba a tiempo acerca de sus luchas, sus pruebas, sus necesidades, sus dudas, sus tentaciones, sus crisis ministeriales? ¿Por qué insistían en enfrentar solas todas esas situaciones cuando lo podían hacer con alguien más?

Empecé a mencionar lo que estaba pasando con miembros de las iglesias, con líderes y con pastores para encontrar alguna respuesta a estas y otras preguntas.

Lo primero que empecé a notar fue la ausencia del término o la idea de 'comunidad' en sus comentarios, y mucho menos aún, un sentido de comunidad. Los miembros se referían a sus iglesias como congregación. Existía una tendencia a ser más una congregación que una comunidad. La vida con Cristo y el ministerio cristiano estaban confinados al momento que se congregaban, a los programas de cada reunión y a algún evento especial. Creando un vacío muy grande en las relaciones interpersonales de sus miembros, siendo lo único común entre ellos lo que hacían, la tarea, y no quienes eran, el ser. Lo que hacían era lo que los mantenía juntos en esa congregación, pero no había una convivencia en lo personal.

Por otro lado, los pastores hacían referencia a su denominación, o concilio. No hablaban de comunidad pastoral. Desarrollaban una relación con la denominación o el concilio pero no cultivaban una relación personal con sus pares en el ministerio.

Aunque muchos tenían un sentido de pertenencia en relación a su iglesia local, o en el caso de los pastores a su denominación, al mismo tiempo no se sentían seguros en su comunidad de fe o en su comunidad pastoral. En consecuencia, no sentían libertad de ser ellos mismos ni tenían la confianza de abrir su corazón con el pastor, ni con sus hermanos, ni con el superior en su denominación o concilio, ni con sus colegas acerca de sus problemas y realidades.

Así que el asunto tenía que ver con la ausencia de un sentido de comunidad y con la forma en que se sentían en su comunidad de fe y en su comunidad pastoral. En el caso de una iglesia local, podemos estar junto con otros miembros de la iglesia, pero eso no necesariamente significa que tenemos una comunidad de fe en la que encontramos seguridad, refugio y salud en lo personal, familiar y ministerial. En el caso de una denominación o concilio, podemos tener un distrito o región con pastores que estén juntos en reuniones y eventos pero eso no necesariamente quiere decir que tenemos una comunidad pastoral en la que encontramos seguridad, refugio y salud en lo personal, familiar y ministerial mientras servimos en obediencia al llamado que hemos recibido.

Descubrí, con el pasar de los años, que la falta de una comunidad segura donde ser contenido era un problema sistémico que estaba secando, dividiendo y estancando la iglesia, tanto en su expresión local como denominacional.

En muchas de nuestras iglesias existe esta triste realidad de ser una congregación, pero nunca llegan a ser una comunidad. Se reúnen semana a semana para hacer el ministerio pero no han desarrollado el ser una comunidad segura, un espacio donde cada miembro puede ser lo que Dios quiere que sea sin necesidad de fingir. Una comunidad donde cada uno es contenido por expresiones de amor a través de las cuales se moldea a la imagen de Cristo. Cuando surge una situación o crisis personal, familiar o ministerial, todos y cada uno tienen ante una comunidad segura la oportunidad de ser fortalecidos en áreas débiles e iniciar a tiempo procesos de sanidad y restauración.

Desde entonces hemos encontrado que si los miembros empiezan a desarrollar el sentido de comunidad, se sienten seguros cuando entre ellos hay:

1. Más honestidad relacional y menos diplomacia religiosa.
2. Más conversación intencional y menos monólogo gerencial.
3. Más evaluación personal y menos juicio congregacional.
4. Más reconocimiento del otro y menos crítica destructiva y envidiosa.
5. Más empoderamiento del otro y menos manipulaciones del otro.

Más adelante abordaremos cada uno de estos principios que dan seguridad en la comunidad de fe, pero antes aclaro por qué uso la expresión menos en lugar de ninguna. La razón es simple, el ideal es "cero" diplomacia religiosa, monólogo gerencial, juicio congregacional, crítica destructiva y manipulación del otro. Pero la realidad es que estos elementos insalubres y negativos siempre estarán presentes en mayor o menor proporción, porque nuestras comunidades de fe están compuestas de personas imperfectas e incompletas, algunas más que otras, según su tiempo en el Señor.

Claro que esto no es permiso para vivir en la eterna inmadurez y carnalidad. Es simplemente un hecho temporal inevitable de aquellos que están en proceso de formación y de transformación por el Espíritu Santo. Lo que nos da esperanza es saber que, aunque estos creyentes son imperfectos e incompletos están en pleno proceso de formación y madurez. *"Y estoy seguro de que Dios, quien comenzó la buena obra en ustedes, la continuará hasta que quede completamente terminada el día que Cristo Jesús vuelva"* (Filipenses 1:6, NTV).

Ahora, lo que sí podemos afirmar es que en una comunidad de imperfectos e incompletos, pero en pleno proceso de santificación, se da seguridad...

1. Cuando la honestidad relacional está presente en mayor proporción que la diplomacia religiosa.
2. Cuando la conversación intencional está presente en mayor proporción que el monólogo gerencial.
3. Cuando la evaluación personal está presente en mayor proporción que el juicio congregacional.
4. Cuando el reconocimiento del otro está presente en mayor proporción que la crítica destructiva y envidiosa.
5. Cuando el empoderamiento del otro está presente en mayor proporción que la manipulación del otro.

Es entonces, y recién entonces, que se empieza a respirar en el ambiente de una iglesia y de los equipos ministeriales el aire fresco de una comunidad segura donde *"... cada parte, al cumplir con su función específica, ayuda a que las demás se desarrollen, y entonces todo el cuerpo crece y está sano y lleno de amor"* (Efesios 4:16, NTV).

La buena noticia con la que quiero cerrar esta introducción es que a lo largo de los años he visto, en diferentes denominaciones y redes de iglesias, que en sus comunidades pastorales y aun en sus iglesias locales, existe el deseo latente y la disponibilidad de cultivar una comunidad segura donde ser y hacer, donde adorar y servir.

Preguntas para la reflexión y el diálogo

• ¿De qué manera mi comunidad de fe y/o pastoral me da seguridad?

• ¿Qué me impide abrir mi corazón en mi comunidad de fe y/o pastoral para contar mis crisis y necesidades?

• ¿Cómo cultivo seguridad y doy seguridad a los demás en mi comunidad?

SECCION 1

SEAMOS COMUNIDAD

1

KOINONIA

Una comunidad donde crecer juntos

Las diferentes culturas y grupos étnicos tienen su propio punto de vista de lo que es una comunidad. Algunas culturas son más individualistas que otras y hacen énfasis en su espacio personal. Tienen que hacer un esfuerzo extra para desarrollar comunidad y hacen contratos acordando la parte que cada uno aporta a la relación comunitaria.

Mientras que otras, como la cultura latina, es mucho más colectiva. Los hispanos no crean comunidad, naturalmente, viven en comunidad. La identidad hispana está asociada con la comunidad a la que pertenecen. Por eso se refieren a las personas latinas que viven en sus barrios como "mi gente", "mi raza", porque se pertenecen unos a otros. Incluso en algunos países de Latinoamérica es común que las amistades grupales que comienzan en la niñez perduren toda la vida.

Lo particular en este momento de la historia de la humanidad es que nos encontramos con una cultura global que está desarrollando comunidades virtuales a través de las redes sociales en internet. Estas comunidades virtuales se componen de personas que conectan en las redes sociales por intereses, entretenimientos o ideologías comunes y crean relaciones interpersonales, pero a la distancia. Quizás muchos de ellos nunca se conocerán en persona. Se siguen en la redes y ponen "me gusta" a fotos o comentarios de los demás, pero sin adquirir mayores compromisos y responsabilidades por el otro. Es una cultura global donde las personas están solas, pero al mismo tiempo acompañadas por otros que están en alguna otra parte del globo terráqueo.

La palabra "comunidad" proviene del latín *communitas* y hace referencia a la característica de lo que es común. *Communitas* es un intenso sentido, un sentimiento de gran igualdad y proximidad entre los miembros del grupo.

Los sociólogos nos dicen que "comunidad" es un grupo de personas que poseen ciertas cosas en común, como el idioma, las costumbres, los valores, las tareas, su visión del mundo, su estatus social, edad, o incluso su ubicación geográfica. Esto significa aquellos elementos que especialmente hacen a la identidad y a la razón del ser y del hacer del grupo humano que la compone.

Cuando en nuestras Biblias nos encontramos con palabras como "comunión", "compañerismo" y "comunidad", todas estas provienen de la traducción del griego de una sola palabra, *koinonía*, algo que liga a los cristianos unos con otros, con Cristo y con Dios. Por eso el apóstol Juan le dice a la iglesia: *lo que hemos visto y oído, eso os anunciamos, para que también vosotros tengáis comunión* [koinonia] *con nosotros; y nuestra comunión* [koinonia] *verdaderamente es con el Padre, y con su Hijo Jesucristo* (1 Juan 1:3).

El pensamiento central de *koinonia* abraza los conceptos de las palabras compañerismo, asociación, comunidad, comunión, participación conjunta, compartir e intimidad. *Koinonia* es unirse para construir una comunidad o un equipo de trabajo. En su significado extendido *koinonia* se refiere a relación. Esta palabra tiene una multitud de significados que una sola palabra en castellano es insuficiente para expresar su profundidad y riqueza.

En este sentido, todas las comunidades de fe y de servicio cristianas que manifiestan su vida y ministerio en conjunto a través del principio espiritual de koinonia, debería de encontrar entre ellos:

- Una común - Comunidad –de Dios

- Una común - Relación –con Dios
- Un común - Enfoque –de parte de Dios
- Un común - Compañerismo –en Dios
- Un común - Equipo –para servir a Dios

Koinonia es ese lugar espiritual, emocional, ministerial y relacional 'común' donde se C.R.E.C.E. para que... *todos lleguemos a la unidad de la fe y del conocimiento del Hijo de Dios, a un varón perfecto, a la medida de la estatura de la plenitud de Cristo* (Efesios 4:13).

Preguntas para la reflexión y el diálogo

• ¿Qué tengo en común con mis hermanos y hermanas en la iglesia y en el ministerio donde sirvo? ¿Qué me une a ellos?

• ¿De qué manera mi comunidad de fe y el ministerio donde sirvo junto a otros es un lugar donde siento que puedo crecer en lo espiritual, emocional y ministerial?

2
COMUNIDAD DE DIOS
donde se practica la generosidad

Kononia es unirse para construir una comunidad. Contiene la idea de la participación en algo con alguien, como un grupo o un equipo o una alianza o una sociedad. *Koinonia* significa compartir unos con otros una posesión que se tiene en común. Esto implica el espíritu de generosidad en el acto de dar, en contraste con el de recibir de manera egoísta.

Cuando la *koinonia* está presente, el espíritu de compartir y de generosidad se vuelve tangible. En la mayoría de los contextos, generosidad no es una idea abstracta sino una acción comprobada que resulta del acto de dar en forma tangible y realista.

Si le prestamos atención a Hechos 2:41-47 y 4:32-37 –los dos relatos que nos describen el principio de *koinonia* y cómo la primera iglesia eran una comunidad de Dios– encontraremos que el Espíritu Santo dejó registrado cómo la iglesia se relacionaba entre sí a través de la acción de compartir y de actos de generosidad

Ese día, unas tres mil personas creyeron en el mensaje de Pedro. Tan pronto como los apóstoles los bautizaron, todas esas personas se unieron al grupo de los seguidores de Jesús y decidieron vivir como una gran familia. Y cada día los apóstoles **compartían** *con ellos las enseñanzas acerca de Dios y de Jesús, y también celebraban la Cena del Señor y oraban juntos. Al ver los milagros y las maravillas que hacían los apóstoles, la gente se quedaba asombrada. Los seguidores de Jesús* **compartían** *unos con otros lo que tenían. Vendían sus propiedades y repartían el dinero entre todos. A cada uno le daban según lo que necesitaba. Además, todos los días iban al templo y celebraban la Cena del Señor, y* **compartían** *la comida con cariño y alegría. Juntos* *alababan a Dios, y todos en la ciudad los querían...* (Hechos 2:41-47, TLA).

Todos los creyentes pensaban de la misma manera y estaban todos de acuerdo. Ninguno de ellos decía que lo que tenía era sólo suyo, sino que era de todos. Con gran poder, los apóstoles daban testimonio de la resurrección del Señor Jesús, y Dios bendecía mucho a todos los creyentes. En el grupo no había ningún necesitado porque vendían sus tierras y sus casas, traían el dinero de la venta y se lo daban a los apóstoles. Después repartían a cada uno según sus necesidades. Un ejemplo de esto fue José, un levita natural de Chipre, a quien los apóstoles llamaban Bernabé, que quiere decir «el que consuela a los demás». José era dueño de un terreno, lo vendió, trajo el dinero y se lo dio a los apóstoles (Hechos 4:32-37, PDT).

Así entonces encontramos, luego del mensaje de Pedro en Hechos 2, que unas tres mil personas creyeron y entonces:

1. Todas esas personas se unieron al grupo de los seguidores de Jesús y decidieron vivir como una gran familia.

2. Y cada día los apóstoles **compartían** con ellos las enseñanzas acerca de Dios y de Jesús,

3. También celebraban la Cena del Señor y oraban juntos.

4. Los seguidores de Jesús **compartían** unos con otros lo que tenían.

   a. Vendían sus propiedades y los apóstoles repartían el dinero entre todos.
   b. A cada uno le daban según lo que necesitaba.

5. Además, todos los días iban al templo y celebraban la Cena del Señor, y **compartían** la comida con cariño y alegría. Juntos alababan a Dios.

Y en Hechos 4 se nos dice que:

1. Todos los creyentes pensaban de la misma manera y estaban todos de acuerdo.

2. Ninguno de ellos decía que lo que tenía era sólo suyo, sino que era de todos.

3. **En el grupo no había ningún necesitado** porque vendían sus tierras y sus casas, traían el dinero de la venta y se lo daban a los apóstoles. Después ellos repartían a cada uno según sus necesidades.

4. **Un ejemplo de esto fue José**, un levita natural de Chipre, a quien los apóstoles llamaban Bernabé, que quiere decir «el que consuela a los demás».

Claro, hoy entendemos que ellos vendían sus propiedades y entregaban el dinero para ayudar a los necesitados porque estaban convencidos de que Cristo venía pronto. Decían, "el Señor viene ya, uno de estos días". Jamás pensaron que el "vengo pronto" del Señor serían miles de años. Quizás pensaron que era cuestión de días, o algunos meses. Así que el razonamiento era simple, "¿para qué quiero estas propiedades?". Algunos han señalado que por este tipo de acción los creyentes de Jerusalén pasaron gran necesidad cuando vino un tiempo de hambruna sobre la región y por eso Pablo tuvo que llevarles la ayuda que las iglesias de Asia Menor recogieron para socorrerlos.

Digamos que aunque todo esto era así, lo que no podemos negar era la acción de estos creyentes de compartir y de ser generosos por el desarraigo de lo material y de lo temporal, sabiendo que Cristo venía pronto. Nosotros también, si tenemos algo, que no sólo sea para nuestro placer personal, sino que sirva para ayudar a aquellos de mis hermanos en la fe que lo necesitan.

No estoy sugiriendo que vendamos todo lo que tenemos y lo demos a la iglesia para que se ayude a los necesitados, pero sí debemos preguntarnos seriamente si al unirnos al grupo de seguidores de Jesús hemos decidido vivir como una familia. En consecuencia, estoy exhortando a la iglesia a reflexionar y explorar como la cultura del éxito personal nos ha limitado para compartir la vida diaria. Estamos tan ocupados en nuestras agendas personales que no tenemos tiempo para la convivencia con nuestros hermanos en la fe, para pasar tiempo juntos en el estudio de la Palabra, en la oración, en la alabanza y en la comida comunitaria.

Aún más, creo que la iglesia necesita reflexionar seriamente sobre cómo el materialismo y el arraigo a lo temporal ha privado a los creyentes de sentir que lo que tienen no es solo de ellos, sino que Dios nos lo ha dado también para el bienestar de todos, para así poder dar con generosidad y liberalidad para que no haya ningún necesitado en la comunidad de fe.

Preguntas para la reflexión y el diálogo

- ¿Qué significa para mí, para nosotros, decidir vivir como familia?

- ¿Qué historias podemos contar que describan a nuestra iglesia como una comunidad que comparte su tiempo, su adoración y sus recursos?

- ¿Quiénes, entre nosotros, nos están modelando el principio comunitario de compartir y de dar con generosidad?

3

RELACIÓN CON DIOS

donde se vive la misma consagración

Koinonía también incluye una relación espiritual. En este sentido, el significado es la relación común del grupo con Dios. Posee algo de parte de Dios que es común con los demás en la comunidad de fe y que debe ser compartido con otros para que ellos también lo tengan, esto es la comunión con Dios.

Entendido de esta manera encontramos que como comunidad tenemos una relación cercana con Dios Padre, Hijo y Espíritu Santo. Por eso el cristiano declara que *Fiel es Dios, por el cual fuimos llamados a la comunión con su Hijo Jesucristo nuestro Seño*r (1 Corintios 1:9).

Esta comunión conjunta con Dios, que los miembros de la iglesia poseen, es fundamental en la comunidad cristiana. De acuerdo con las enseñanzas de los apóstoles, en respuesta a las circunstancias que las iglesias locales estaban enfrentando, esta comunión con Dios podía ser edificada o estorbada por al menos cuatro circunstancias:

Primero, **por el grado de adoración exclusiva a Dios que los creyentes tenían.** Por eso Pablo le exhorta a la iglesia para que la adoración a Dios sea exclusiva. En aquel tiempo las fiestas eran expresiones culturales y de adoración a algún dios. Quizás algunos creyentes empezaron a sentir que no tenía nada de malo ir a alguna de estas fiestas porque ellos ya eran libres en Cristo. Pero Pablo les recuerda que aunque ellos no crean en esos dioses, al asistir a esas fiestas y ceremonias en honor a ellos, los hace partícipes de la adoración a esos dioses.

Por eso, queridos hermanos, no adoren a los ídolos. Ustedes son personas inteligentes, y estoy seguro de que me entienden. En la

Cena del Señor Jesucristo, cuando tomamos la copa y pedimos que Dios la bendiga, todos nosotros estamos participando de la sangre de Cristo... Por ejemplo, en el pueblo de Israel, los que comen la carne de los animales que se sacrifican en el altar del templo, participan de ellos con Dios y con los que toman parte en el sacrificio. Eso no quiere decir que yo reconozca algún valor en los ídolos que otros pueblos adoran, o en los alimentos que se les ofrecen. Cuando los que no creen en Cristo ofrecen algo, se lo dan a los demonios y no a Dios. ¡Y yo no quiero que ustedes tengan nada que ver con los demonios! Ustedes no pueden beber de la copa en la Cena del Señor y, al mismo tiempo, beber de la copa que se usa en las ceremonias donde se honra a los demonios. Tampoco pueden participar en la Cena del Señor y, al mismo tiempo, participar en las fiestas para los demonios. ¿O es que quieren que Dios se enoje? ¡Nosotros no somos más fuertes que Dios! (1 Corintios 10:14-22, TLA).

Segundo, **por el grado de asociación que los creyentes tenían con los incrédulos.** Como iglesia somos llamados a vivir en santidad, pero también a ser luz, sal y levadura en el mundo. Eso significa que tenemos el desafío de estar presentes de manera relevante y transformadora en el mundo aunque no somos del mundo. Desde esa perspectiva entonces deberíamos aprender que no podemos, ni debemos, aislarnos del mundo, pero al mismo tiempo no podemos asociarnos con el mundo. Por lo tanto, no podemos entrar en relaciones en un grado de intimidad que comprometa nuestra justicia, nuestra luz y nuestra relación con Dios. Entendido de esta manera, la exhortación de salirnos y apartarnos de entre los incrédulos es un llamado a estar presentes entre los incrédulos pero diferenciarnos por nuestro carácter justo, nuestras acciones iluminadoras y nuestra relación íntima con Dios.

No se asocien íntimamente con los que son incrédulos. ¿Cómo puede la justicia asociarse con la maldad? ¿Cómo puede la luz vivir con las tinieblas? ¿Qué armonía puede haber entre Cristo y el diablo? ¿Cómo puede un creyente asociarse con un incrédulo? ¿Y qué clase de unión puede haber entre el templo de Dios y los ídolos? Pues nosotros somos el templo del Dios viviente. Como dijo Dios: «Viviré en ellos y caminaré entre ellos. Yo seré su Dios, y ellos serán mi pueblo. Por lo tanto, salgan de entre los incrédulos y apártense de ellos, dice el SEÑOR. No toquen sus cosas inmundas, y yo los recibiré a ustedes. Y yo seré su Padre, y ustedes serán mis hijos e hijas, dice el Señor Todopoderoso» (2 Corintios 6:14-18, NTV).

Tercero, **por el grado de experiencias personales que cada creyente tenía con Jesús.** La comunión conjunta con Dios tiene sus raíces en nuestra fe, en lo que hemos recibido y creído pero se fortalece a través de las historias personales de cada miembro de la comunidad en su relación con Jesús. Si Jesús no es simplemente una teoría sino una experiencia real en la vida cotidiana de los creyentes, entonces las historias que nos contamos unos a otros de cómo hemos visto a Jesús obrar en nuestra vida y cómo hemos oído su voz hablándonos y guiándonos, nos unirán más, porque participamos de una relación real con un Dios real y presente.

Lo que era desde el principio, lo que hemos oído, lo que hemos visto con nuestros ojos, lo que hemos contemplado, y palparon nuestras manos tocante al Verbo de vida (porque la vida fue manifestada, y la hemos visto, y testificamos, y os anunciamos la vida eterna, la cual estaba con el Padre, y se nos manifestó); lo que hemos visto y oído, eso os anunciamos, para que también vosotros tengáis comunión con nosotros; y nuestra comunión verdaderamente es con el Padre, y con su Hijo Jesucristo. Estas cosas os escribimos, para que vuestro gozo sea cumplido (1 Juan 1:1-4).

Cuarto, **por el grado de santidad manifestada en la conducta de cada creyente.** Para los primeros cristianos decir que tenían comunión con Dios pero al mismo tiempo comportarse como aquellos que no conocen a Dios personalmente, era una vida mentirosa, que a la larga afectaba la unidad entre ellos como comunidad. Y los privaba de la comunión con Dios mismo y de experimentar su limpieza y acción sanadora.

Por lo tanto, mentimos si afirmamos que tenemos comunión con Dios pero seguimos viviendo en oscuridad espiritual; no estamos practicando la verdad. Si vivimos en la luz, así como Dios está en la luz, entonces tenemos comunión unos con otros, y la sangre de Jesús, su Hijo, nos limpia de todo pecado (1 Juan 1:6-7, NTV).

Si decimos que somos amigos de Dios y, al mismo tiempo, vivimos pecando, entonces resultamos ser unos mentirosos que no obedecen a Dios. Pero si vivimos en la luz, así como Dios vive en la luz, nos mantendremos unidos como hermanos y Dios perdonará nuestros pecados por medio de la sangre de su Hijo Jesús (TLA).

Preguntas para la reflexión y el diálogo

• ¿Qué significa para mí, y para nosotros, compartir la misma comunión con Dios?

• ¿Qué está estorbando o edificando mi comunión, y nuestra comunión, con Dios como iglesia?

4
ENFOQUE DE PARTE DE DIOS

con los mismos propósitos e intereses

Koinonia tiene la idea de *'una común unidad' en propósito e intereses*. No importa si trabajas colectiva o individualmente, cuando hay *koinonia*, trabajas para la grandeza de la comunidad, empujándola hacia adelante. Lo haces para enseñar el conocimiento que se tiene con aquellos que no lo tienen, para que puedan alcanzar esas metas y esos sueños que nacen del llamado y la asignación de Dios para cada creyente y para cada iglesia local, que se tienen por lo general en la mente, pero que debe manifestarse en logros reales.

Por participar en esta relación de interés común, un nuevo nivel de concientización emerge que impulsa al grupo a un orden más elevado de pensamiento y de acción, ese orden que habilita y alienta a sus miembros a existir en una relación de beneficio mutuo.

Ser parte de una comunidad donde las relaciones están orientadas en el interés común de trabajar por la grandeza de toda la comunidad, nos beneficia mutuamente y permite que desarrollemos como creyentes...

Primero, **una preocupación genuina por el bienestar del otro**. Eso era lo que Timoteo y Epafrodito sentían por sus hermanos y hermanas de Filipo. Timoteo se preocupaba por el bienestar de los filipenses como ningún otro en el equipo del apóstol Pablo. Y Epafrodito, quien había sido enviado por los filipenses para llevarle la ayuda al apóstol Pablo, les extrañaba mucho a todos y estaba afligido porque los filipenses se habían enterado de su enfermedad y no querían que se preocuparan.

Por otro lado, la comunidad de creyentes en Filipo conocían

bien el carácter y la conducta de Timoteo y querían verlo a Epafrodito bien y así cambiar su aflicción en alegría. Tanto los filipenses como Timoteo y Epafrodito nos enseñan, nos desafían a una preocupación genuina por el bienestar de nuestros hermanos y hermanas en la fe.

Espero que pronto el Señor me permita enviarles a Timoteo, y me alegrará mucho recibir noticias de ustedes. Timoteo es el único que se preocupa por ustedes, y que los quiere tanto como yo. Los demás sólo se ocupan de sus propias cosas y no de lo que le agrada a Jesucristo. Pero ustedes ya conocen la buena conducta de Timoteo, y saben que él me ha ayudado como si fuera mi hijo. Juntos hemos anunciado la buena noticia. Espero enviarlo a ustedes, tan pronto sepa yo si quedaré o no en libertad, aunque confío que pronto Dios también me dejará ir a verlos. Hace algún tiempo, ustedes enviaron al hermano Epafrodito para que me ayudara en lo que me hiciera falta. Él ha trabajado y luchado conmigo para defender el mensaje de la buena noticia. Ahora me parece conveniente que él vuelva a ustedes, pues tiene muchos deseos de verlos de nuevo. Está preocupado porque ustedes se enteraron de su enfermedad. Y la verdad es que estuvo tan grave, que casi se muere. Pero Dios fue bueno con él, y también conmigo, para que no me pusiera más triste de lo que estoy. Por eso lo envío enseguida, para que ustedes se alegren al verlo y yo deje de estar triste. Recíbanlo con alegría, como se lo merece un servidor del Señor Jesús. Muestren aprecio por quienes son como él, pues por trabajar para Cristo casi se muere: arriesgó su propia vida por darme la ayuda que ustedes no podían darme personalmente (Filipenses 2:19-30, TLA).

Segundo, **un espíritu de gratitud por los demás.** Pablo tenía una asignación de Dios de predicar el evangelio a los gentiles y contar con el apoyo y el cuidado de la iglesia de Filipo, lo llenaba de gratitud. Es en esta dimensión de koinonía que el apóstol Pablo le daba gracias a Dios por los filipenses, por lo que él llamaba "la comunión en el evangelio" que tenía con ellos.

Cada vez que pienso en ustedes, le doy gracias a mi Dios. Siempre que oro, pido por todos ustedes con alegría, porque han co laborado

(Koinonía, traducido como comunión en la versión Reina Valera) *conmigo en dar a conocer la Buena Noticia acerca de Cristo desde el momento que la escucharon por primera vez hasta ahora. Y estoy seguro de que Dios, quien comenzó la buena obra en ustedes, la continuará hasta que quede completamente terminada el día que Cristo Jesús vuelva* (Filipenses 1:3-6, NTV).

Era una gratitud que tenía buena memoria, por eso reconoce que los filipenses colaboraron con él desde el principio de su ministerio: *Al principio, cuando comencé a anunciar la buena noticia y salí de Macedonia, los únicos que me ayudaron fueron ustedes, los de la iglesia en Filipos. Ninguna otra iglesia colaboró conmigo. Aun cuando estuve en Tesalónica y necesité ayuda, más de una vez ustedes me enviaron lo que necesitaba* (Filipenses 4:15-16, TLA).

Era una gratitud que nacía de un corazón comprensivo, sabiendo que a veces se quiere pero no se puede hasta que se da la ocasión y, claro está, hasta cuando el Señor lo permite. Por eso cuando le escribe a los filipenses les dice: *Me alegra mucho que, como hermanos en Cristo, al fin hayan vuelto a pensar en mí. Yo estaba seguro de que no me habían olvidado, sólo que no habían tenido oportunidad de ayudarme* (Filipenses 4:10, TLA).

Era una gratitud que reconocía el impacto, claramente medible, de la acción de los filipenses en su circunstancia. Explicando que todo lo que le enviaron fue más que suficiente. *Epafrodito me entregó todo lo que ustedes me enviaron, y fue más que suficiente* (Filipenses 4:18a, TLA).

Era una gratitud que reconocía, antes que la capacidad material para ayudar, el amor sacrificial de los filipenses. Ese amor en el que se da uno mismo y le ofrece y le da al otro lo mejor, y no las sobras. Al decirles: *La ayuda de ustedes fue tan agradable como el suave aroma de las ofrendas que Dios acepta con agrado* (Filipenses 4:18b, TLA), Pablo está comparando la ayuda que los filipenses le enviaron con la clase de ofrenda que Dios acepta con agrado. ¿Cuál es el suave aroma de las ofrendas que Dios acepta con agrado? Es el aroma de un corazón que ama al grado de hacer un sacrificio personal, como el amor de Cristo por nosotros. Como el mismo Pablo le escribió a la iglesia en Éfeso: *Por lo tanto, imiten a Dios en todo lo que hagan porque ustedes son sus hijos queridos. Vivan una vida llena de amor, siguiendo el ejemplo de Cristo. Él nos amó y se ofreció a sí mismo como sacrificio por nosotros, como aroma agradable a Dios.* (Efesios 5:1-2, NTV).

Tercero, **un desafío a seguir madurando para que otros no se estanquen en su crecimiento personal.** Cuando no te sientes solo, sino que muy por el contrario te sientes acompañado por una comunidad de fe que se interesa por ti, esto te desafía a seguir creciendo en el Señor y madurar en tu forma de pensar y de comportarte mientras avanzas a la meta. A esto que Pablo llama, "al premio del supremo llamamiento de Dios en Cristo Jesús". Pero también te hace responsable por ser un ejemplo de crecimiento y de madurez cristiana para otros. El crecimiento personal y la madurez de cada miembro de la comunidad promueven el crecimiento y la madurez de toda la comunidad. Pero también debemos reconocer que el estancamiento personal y la inmadurez de los miembros de la comunidad son una enfermedad que estanca el crecimiento y la madurez de toda la iglesia.

Con esto no quiero decir que yo haya logrado ya hacer todo lo que les he dicho, ni tampoco que ya sea yo perfecto. Pero sí puedo decir que sigo adelante, luchando por alcanzar esa meta, pues para eso me salvó Jesucristo. Hermanos, yo sé muy bien que todavía no he alcanzado la meta; pero he decidido no fijarme en lo que ya he recorrido, sino que ahora me concentro en lo que me falta por recorrer. Así que sigo adelante, hacia la meta, para llevarme el premio que Dios nos llama a recibir por medio de Jesucristo. Todos los que ya hemos progresado [madurado] mucho en nuestra vida cristiana debemos pensar de esta manera. Y si algunos de ustedes piensan de manera diferente, hasta eso les hará ver Dios con claridad. Lo importante es que todos nosotros sigamos las mismas reglas. Hermanos míos, sigan mi ejemplo. Y fíjense en los que así lo hacen (Filipenses 3:12-17, TLA).

Preguntas para la reflexión y el diálogo

• ¿Cuáles son nuestros intereses comunes que tenemos como iglesia y como equipo ministerial en relación con el servicio a Dios y la misión de Dios?

• ¿Cómo esos intereses comunes nos están provocando a acciones concretas por el bienestar de los demás, a dar gracias por ellos y a seguir creciendo y madurando?

5
COLABORADORES DE DIOS
que viven *en el mismo compañerismo*

Koinonia significa un compañero o un compañerismo en común. Esta comunidad, que tiene una relación común con Dios y un enfoque claro de parte de Dios, también desarrolla una amistad donde la convivencia entre ellos busca construir relaciones saludables basadas en acciones de amor y actos de restauración en las relaciones rotas.

Para que esto sea posible es necesario el amor, factor fundamental en la relación entre amigos y aún más entre hermanos en la fe. Este amor está fundamentado y expresado en las acciones que nacen de un corazón interesado en el bienestar del compañero. Cada uno en la comunidad es responsable de no solo decir que ama, sino también de comportarse de tal manera que sus acciones expresen de forma tangible ese amor.

En Mateo 26, Marcos 14, Lucas 22 y Juan 13 y 21 encontramos a Pedro en una dinámica de amor confeso pero no profeso en relación a Jesús, que es importante prestarle atención para poder rescatar **el principio de un amor que no solo debe profesarse con palabras sino además debe demostrarse en acciones.**

Ya se acercaba el tiempo para que Jesús llegara a Jerusalén y se ofreciera en sacrificio por toda la humanidad, así que Pedro se acerca a Jesús y le pregunta adónde iba. Jesús le da a entender que Pedro no le podía acompañar porque él iba a morir a Jerusalén. Así que, como buen amigo y como alguien que lo ama, Pedro le asegura a Jesús que pondría su vida por Él.

En la misma conversación Jesús le dice a Pedro que va a enfrentar un ataque de Satanás y que va a negarle, no una vez, sino tres veces. Y Pedro le asegura a Jesús que jamás perdería su confianza en Él, que nunca lo abandonaría y que además estaba dispuesto a ir con Jesús no sólo a la cárcel sino incluso a la misma muerte.

Conocemos la historia. Horas más tarde, cuando lo arrestan a Jesús, todos lo abandonan y aunque Pedro huye, igual que los demás y lo deja solo, pero es el único que decide ver cómo todo terminaría, así que le sigue, pero de lejos. Y fue en esa circunstancia que termina en el patio de la casa donde estaban enjuiciando a Jesús. Allí mismo lo confrontan y no solo niega a su amigo y Maestro diciendo que no lo conoce, sino que además afirma que no era uno de ellos y empieza a maldecir y a jurar que no le conoce. Terminando de negar al Señor, su mirada se cruza con la de Jesús y se da cuenta de lo que había hecho y saliendo de aquel lugar llora con mucha amargura.

Tres días más tarde Jesús resucita y se aparece a Pedro y a todos sus discípulos demostrándoles que estaba vivo. De pronto, una noche Pedro decide ir a pescar, pero no como un pasatiempo sino como una acción de abandonar su llamado a ser "pescador de hombres" para volver a ser un empresario de la pesca en el mar de Galilea.

El mismo Pedro que con sus palabras unos días atrás le había dicho a Jesús que nunca dejaría de confiar en Él, que pondría su vida por Él, que jamás lo abandonaría, que estaba listo para ir a la cárcel y a la misma muerte, de ser necesario, no solo con sus actos lo abandona, pone distancia, niega conocerle, niega ser parte de su grupo y además maldice afirmando que no tiene nada que ver con Jesús. Pero ahora, aunque ya le ha visto resucitado, de pronto decide dejar de lado todos los planes que juntos habían hecho y echar por el suelo tres años de amistad y de formación, abandonando su llamado al ministerio.

Es en este contexto que Jesús se acerca a la orilla del lago donde Pedro está intentando pescar y le prepara un desayuno y le hace la pregunta del millón: "¿Pedro me amas?". Cuando alguien le tiene que preguntar a otro si lo ama, es porque muy posiblemente el comportamiento del otro ha enviado un mensaje de lo contrario. Y no solo se lo pregunta una vez, sino tres veces. Tal vez como diciendo, si me negaste tres veces, te doy la oportunidad de decirme tres veces que me amas, mientras le ayudaba a Pedro a pesar y decidir qué clase de amor tenía por Él. Pedro le respondió con mucho pesar y dolor por la manera en que se había comportado, pero le contesta que lo amaba, y la historia nos cuenta que más tarde murió por Jesús.

Pedro sabía cómo declarar su amor por Jesús pero no sabía vivirlo en los momentos donde ese amor sería confrontado y necesitaba ser expresarlo con sus acciones. Jesús nunca dejó de amarlo, así que en uno de sus grandes actos de restauración y queriendo darle a Pedro la oportunidad de demostrar su amor por él, lo buscó, le preparó un desayuno y le preguntó si lo amaba. Aunque Pedro se había salido de su círculo íntimo de amistad, Jesús dibujó un círculo más grande para incluirlo de nuevo en su espacio cercano, donde amar a Pedro y ser amado por él.

En la comunidad cristiana, donde la amistad es un elemento importante para la convivencia, **la forma en que nos comportamos bendice o maldice, edifica o destruye, guía o desorienta.** Nunca nuestro comportamiento queda sin afectar a los demás, siempre encuentra su efecto en la vida de otros. Nuestro comportamiento es lo tangible, lo visible de nuestro amor por el otro. Nuestro sentimiento es lo intangible, lo invisible de ese amor. Se sabe que amamos por la forma en que nos comportamos. Por lo tanto, nuestro comportamiento manifiesta amor, o no.

Por eso cuando Pablo le escribe a la iglesia de Corinto y confronta la manera en que convivían, según se relata en el capítulo 13, los desafía a vivir un amor que transcienda la grandeza personal, la grandeza ministerial y los grandes sacrificios y actos heroicos a favor de otros. Él les habla de un amor que se expresa en lo cotidiano, donde hay que convivir con el otro, con sus defectos y virtudes. Para ser una comunidad de amigos y compañeros se necesitan menos súper exitosos, menos súper ungidos y menos súper héroes, y más simples creyentes que estén disponibles para ser cada día una expresión del amor de Dios salvador y sanador por sus compañeros y amigos en este camino de la fe en Jesús y en el servicio a Dios.

Si no tengo amor, de nada me sirve hablar todos los idiomas del mundo, y hasta el idioma de los ángeles. Si no tengo amor, soy como un pedazo de metal ruidoso; ¡soy como una campana desafinada! Si no tengo amor, de nada me sirve hablar de parte de Dios y conocer sus planes secretos. De nada me sirve que mi confianza en Dios me haga mover montañas. Si no tengo amor, de nada me sirve darles a los pobres todo lo que tengo. De nada me sirve dedicarme en cuerpo y alma a ayudar a los demás. El que ama tiene paciencia en todo, y siempre es amable. El que ama no es envidioso, ni se cree más que nadie. No es orgulloso. No es grosero ni egoísta. No se enoja por cualquier cosa. No se pasa la vida recordando lo malo que otros le han hecho. No aplaude a los malvados, sino a los que hablan con la verdad. El que ama es capaz de aguantarlo todo, de creerlo todo, de esperarlo todo, de soportarlo todo (1 Corintios 13:1-7, TLA).

Preguntas para la reflexión y el diálogo

• ¿Cuáles son esas acciones que expresan amor el uno por el otro en mi iglesia o en el ministerio donde sirvo al Señor?
• ¿Cómo estamos respondiendo con actos de restauración frente a aquellos que con sus acciones fallaron en amarnos cuando más los necesitábamos?

• Al leer 1 Corintios 13:1-7, ¿cómo me veo como expresión del amor de Dios salvador y sanador por mis compañeros y amigos en el camino de la fe y en el servicio a Dios?

6
EQUIPO PARA SERVIR A DIOS

donde todos realizan el mismo efecto

Koinonia es unirse para construir un equipo de trabajo, es asociarnos para un esfuerzo en común. Nunca en la estructura de *comunidad* se insinúa una jerarquía de comando y control, pero se implica esa clase de liderazgo que enfoca el esfuerzo de la comunidad, y busca aliar intereses. Cuando hay *koinonía* se manifiesta en el grupo un sentido de propósito como un equipo.

Es así como lo creía el apóstol Pablo cuando se refería a quienes trabajaban con él, porque no los llamaba simplemente colaboradores o empleados de su ministerio, sino compañeros, gente con la que había construido un equipo de trabajo para un esfuerzo común, esto es, predicar el evangelio y edificar las iglesias en cumplimiento con la misión de Dios.

Esto significa que en el espíritu de *koinonia* en toda comunidad de fe y en todo equipo de ministerio estamos convencidos de que nuestro esfuerzo común para servir a Dios es el resultado de las capacidades que todos tenemos, y que todos aportamos para servir en la obra de Dios.

Todos tenemos capacidades para servir

Al leer 1 Pedro 4:10-11, 1 Corintios 12:4-11 y Efesios 4:7-16, encontramos que esto era una clara convicción en la primera iglesia. Para ellos todos, no solo los apóstoles y pastores, sino todos, estaban capacitados por Dios para servir.

Leyendo estos versículos en la versión Traducción en Lenguaje

Actual, se traduce en estos pasajes de la Escritura la palabra griega carisma como "capacidades". Entonces, podemos señalar lo siguiente:

Primero, **que las capacidades son especiales porque las recibieron de parte de Dios.** Él le ha dado a cada uno por el Espíritu Santo las que quiso darle.

"Cada uno de ustedes ha recibido de Dios alguna capacidad especial... todas ellas las da el mismo Espíritu... Pero es el Espíritu Santo mismo el que hace todo esto, y el que decide qué capacidad darle a cada uno... A cada uno de nosotros Cristo nos dio las capacidades que quiso darnos".

Segundo, **que esas capacidades pueden que sean distintas a las que tienen los demás.** Esto hace responsable a cada miembro de descubrir, entender y aprender cómo expresar su capacidad especial y distinta en la comunidad.

Los que pertenecen a la iglesia pueden tener distintas capacidades, pero todas ellas las da el mismo Espíritu. Se puede servir al Señor Jesús de distintas maneras, pero todos sirven al mismo Señor. Se pueden realizar distintas actividades, pero es el mismo Dios quien da a cada uno la habilidad de hacerlas.

Tercero, **que esas capacidades especiales y distintas las da Dios porque quiere que todos en la iglesia estén en condiciones para servir y para guiar a otros.**

Hizo esto para que todos los que formamos la iglesia, que es su cuerpo, estemos capacitados para servir y dar instrucción a los creyentes (Efesios 4:12, TLA).

Cuarto, **que esas capacidades especiales y distintas se deben usar bien y para el bien de los demás.** Esas capacidades tienen que ser usadas con ciencia, con sabiduría y con pericia, buscando con intencionalidad el bienestar de los demás en la comunidad de fe.

Cada uno de ustedes ha recibido de Dios alguna capacidad especial. Úsela bien en el servicio a los demás. Si alguno sabe hablar bien, que anuncie el mensaje de Dios. Si alguno sabe cómo ayudar a los demás, que lo haga con la fuerza que Dios le da para hacerlo. De este modo, todo lo que ustedes hagan servirá para que los demás alaben a Dios por medio de Jesucristo, que es maravilloso y poderoso para siempre. Amén (1 Pedro 4:10-11, TLA).

Dios nos enseña que, cuando el Espíritu Santo nos da alguna capacidad especial, lo hace para que procuremos el bien de los demás (1 Corintios 12:7, TLA).

Quinto, **que esas capacidades especiales y distintas tendrán un efecto saludable y positivo en la misma comunidad de fe,** cuando se usan bien y para el bien de los demás, porque:

- Serán un grupo muy unido
- Llegarán a tener todo lo que les falta
- Ya no serán fácilmente engañados por falsas doctrinas
- La iglesia irá creciendo y cobrando más fuerza

Así seremos un grupo muy unido y llegaremos a tener todo lo que nos falta… Ya no seremos como niños, que ahora piensan una cosa y más tarde piensan otra, y que fácilmente son engañados por las falsas enseñanzas de gente astuta, que recurre a toda clase de trampas…

Cristo es quien va uniendo a cada miembro de la iglesia, según sus funciones, y quien hace que cada uno trabaje en armonía, para que la iglesia vaya creciendo y cobrando más fuerza por causa del amor (Efesios 4:13-16).

Todos tenemos parte en el servicio

Todos tenemos una parte en el ministerio de la iglesia y en la misión de Dios, pero cuando eso no se vive encontramos que aunque todos los miembros de la iglesia tienen capacidades especiales, solo unos cuantos están cargando con el peso del servicio y de las tareas en la congregación.

En Hechos 6:1-7 se nos relata una de las primeras crisis internas de la iglesia naciente. Lo interesante es que los líderes de la iglesia llaman a la comunidad de los que habían creído a responder con diakonia a la crisis que se estaba experimentando en la koinonía. Por eso, los invitan a que en lugar de quejarse por la forma en que otros están sirviendo, ellos mismos se unan al servicio en la iglesia. Así lo cuenta el escritor de Hechos:

Entonces los apóstoles llamaron a todos a una reunión, y allí dijeron:

—Nuestro deber principal es anunciar el mensaje de Dios, así que no está bien que nos dediquemos a repartir el dinero y la comida. Elijan con cuidado a siete hombres, para que se encarguen de ese trabajo. Tienen que ser personas en las que todos ustedes confíen, que hagan lo bueno y sean muy sabios, y que tengan el poder del Espíritu Santo. Nosotros nos dedicaremos entonces a servir a Dios por medio de la oración, y a anunciar el mensaje de salvación (Hechos 6:2-4, TLA).

Una comunidad de fe entiende que el trabajo del servicio y ministerio no es tarea de unos pocos, sino de unos muchos, o sea, de todos los miembros de la comunidad. Ser comunidad es aprender que, así como a cada uno en el cuerpo se le ha dado diferentes capacidades, también se le ha asignado diferentes tareas que no deben descuidarse, y que el esfuerzo y la entrega deberían ser iguales para todos en la iglesia. Algunos necesitan dedicarse a la oración y a la Palabra mientras otros sirven las mesas, pero todos somos responsables por el ministerio y la misma misión. Cuando todos hacemos nuestra parte, entonces todos tenemos parte y nadie se queda aparte.

Preguntas para la reflexión y el diálogo

• ¿Cuáles son las capacidades especiales que he recibido del Señor y cómo las estoy usando en la iglesia para el servicio y el bien de los demás?

• ¿De qué manera me siento parte del trabajo y el esfuerzo común que la iglesia está haciendo en el ministerio y en la misión de Dios?

SECCION 2

DEMOS SEGURIDAD

RELACIÓN

*Más honestidad relacional
y menos diplomacia religiosa*

7
DIPLOMACIA RELIOSA

La forma en que nos relacionamos y tratamos en la comunidad de fe envía un mensaje de seguridad o de inseguridad. No hay mejor lugar para vivir y servir a Dios que en una comunidad donde sabes y sientes que la gente con la que convives y sirves a Dios son personas reales, transparentes y honestas. Aunque eso incomode por momentos, te sientes a salvo porque sabes que nadie "te va a clavar un cuchillo por la espalda", como dice el dicho popular, en el momento menos pensado.

Por otro lado, no hay peor lugar para estar que donde sientes y ves que todo a tu alrededor es una mentira, es hipocresía y donde las relaciones están basadas en la tan popular diplomacia religiosa, donde manipulando ciertos componentes de la vida cristiana, nos autojustificamos para actuar de forma traicionera con quienes son parte de mi comunidad e incluso con quienes lideran esa comunidad.

Quizás en parte porque esa idea de que cuando no me gusta algo mejor me quedo callado para no meterme en problemas con el otro o para evitarlos. Así que si alguien en la comunidad está haciendo algo que no entiendo o no estoy de acuerdo o me ofendió, en lugar de hablar y buscar claridad no digo nada pero activo el "control automático de crucero" llamado diplomacia religiosa. Entonces empiezo a decir lo que el otro quiere escuchar, a aparentar que estoy bien cuando estoy incómodo y a saludar con una sonrisa de empleado de supermercado, con apariencia de felicidad aunque por dentro estoy serio y descontento.

Cuando vemos la actitud de los fariseos en relación con Jesús, con sus enseñanzas y con sus acciones, podemos notar algunas conductas de la diplomacia religiosa.

Los que son atrapados por la diplomacia religiosa, **se muestran justos por fuera, pero por dentro están llenos de hipocresía e iniquidad** (Mateo 23:26-28).

La diplomacia religiosa desarrolla un alto grado de hipocresía en quienes son atrapados por sus garras. Hace que las personas construyan una apariencia que no es congruente con quienes son realmente. Aparentan ser gente buena y honrada, pero en realidad son hipócritas y malvados (Mateo 23:27, TLA). Aparentan que quieren ayudar pero en realidad tienen intenciones de aprovecharse de los demás. Son gente que, como Jesús dijo: *Son como una tumba pintada de blanco, que por fuera se ve limpia, pero que por dentro está llena de huesos y de suciedad* (Mateo 23:28, TLA).

Los que son atrapados por la diplomacia religiosa, **actúan e inician conversaciones para mostrar los errores del otro o hacer caer al otro para mostrar que es peor que ellos o que no es lo que dice ser** (Mateo 22:34-40; Marcos 8:11-13).

La diplomacia religiosa se nutre de la idea de que hay que avergonzar y exponer públicamente al otro con el que no estoy de acuerdo, con la idea de no perder mi reputación o credibilidad frente a los demás. Así que desarrolla en quienes están atrapados por ella una búsqueda constante de cómo tenderle una trampa al otro para que todos se den cuenta que no es lo que dice ser o no tiene razón en lo que está enseñando. Eso fue lo que los fariseos hicieron, con preguntas tendenciosas a Jesús, como aquel fariseo que sabía mucho *y quiso ponerle una trampa y le preguntó:*

—Maestro, ¿cuál es el mandamiento más importante de todos? (Mateo 22:35-36, TLA). *O pedirle algo que ellos creen que lo expondría porque era imposible que lo hiciera, como cuando unos fariseos que empezaron a argumentar con Jesús le pidieron que demostrara con alguna señal milagrosa que él venía de parte de Dios* (Marcos 8:11b, TLA).

Los que son atrapados por la diplomacia religiosa, **están juzgando al otro en sus pensamientos, lo que hace, cómo lo hace y por qué lo hace, especialmente cuando ven al otro servir al Señor** (Lucas 7:36-50; Marcos 2:1-12).

La diplomacia religiosa se fundamenta en los rumores, en las habladurías y comentarios con cierta connotación negativa que se dicen de otras personas "en los pasillos", de lo que está haciendo o le está pasando. Ocurre cuando esa persona no está presente, o incluso estando presente, se habla en voz baja para que no se entere. Esos pensamientos que se hablan en voz baja no son más que un acto de cobardía, porque no se tiene el valor de hablar con el otro para decirle lo que se piensa de lo que hizo o lo que es.

En más de una oportunidad lo que Jesús hacía le pareció mal a los fariseos, así que en sus corazones pensaban mal de Él y hablaban entre ellos argumentando en su contra. Como en aquella oportunidad cuando Jesús llegó a la casa de un fariseo llamado Simón y estando allí entró una mujer de mala fama y se arrodilló frente a Jesús y empezó a besar sus pies, a lavarlos con sus lágrimas, a secarlos con sus cabellos y a perfumarlos con el perfume más caro. A Simón le pareció mal lo que Jesús estaba permitiendo. Por eso Lucas nos dice: *Al ver esto, Simón pensó: «Si de veras este hombre fuera profeta, sabría que lo está tocando una mujer de mala fama»* (Lucas 7:39, TLA). El mismo Lucas nos cuenta que Jesús entendió los pensamientos de Simón y sus murmuraciones y lo confrontó con su actitud contándole una historia que le enseñó que al que más se le perdona, más ama.

También Marcos nos cuenta que un día Jesús llegó a la ciudad y estando en casa bajaron un paralítico por el techo y lo pusieron delante de él. Cuando Jesús lo vio, lo primero que hizo fue perdonar sus pecados. Esto les cayó como una bomba a quienes lo escucharon por eso *al oír lo que Jesús le dijo al paralítico, unos maestros de la Ley que allí estaban pensaron: «¿Cómo se atreve éste a hablar así? ¡Lo que dice es una ofensa contra Dios! Sólo Dios puede perdonar pecados»* (Marcos 2:7, TLA). Otra vez, en lugar de hablar con Jesús empezaron a pensar mal y a hablarlo entre ellos, y al igual que en la casa de Simón, Jesús se dio cuenta de sus pensamientos y lo que estaban murmurando, así que trajo el asunto a luz y les enseñó que Él no solo podía sanar enfermos sino también perdonar pecados.

Concluyamos diciendo que si podemos conocer las conductas de la diplomacia religiosa, que no es otra cosa que hipocresía en las relaciones personales, entonces podremos reconocer si hemos caído en ella para poder dejarla y desarrollar relaciones honestas, que traigan salud y seguridad a la comunidad donde vivimos y servimos al Señor.

Preguntas para la reflexión y el diálogo

• ¿Identifica algunas características de cómo se comporta la diplomacia religiosa? ¿Cuáles son y por qué crees que es así?

• ¿Identifica en la cultura relacional de la iglesia, si existen, algunas de las características de la diplomacia religiosa? ¿Cuáles son y por qué crees que es así? ¿Qué se podría hacer para cambiar?

8
HONESTIDAD RELACIONAL

Definitivamente, el Señor no quiere hipocresía entre sus hijos. Él quiere que seamos transparentes, que seamos nosotros mismos sin tratar de parecer quien no somos. Él no quiere verdades a media, quiere la verdad completa. No quiere que tratemos mal a nuestro prójimo y mucho menos a quienes son parte de nuestra familia y comunidad en Dios. Dios quiere gentileza. Aunque debamos decirle a otro algo que es difícil, y quizá para el otro difícil de escuchar y recibir, cuando lo hagamos, se reciba como una caricia, como una expresión del amor de Dios y no como el ataque de un enemigo.

Honestidad relacional es cuando dejando los conductos de la diplomacia religiosa podemos hablar verdad con nuestros hermanos, con nuestros compañeros de ministerio, con el prójimo, haciéndolo con gentileza y consideración hacia el otro. La honestidad relacional se fundamenta en la verdad acompañada de la gentileza.

Pablo le escribe a la iglesia en Éfeso: *Ustedes deben cambiar completamente su manera de pensar, y ser honestos y santos de verdad, como corresponde a personas que Dios ha vuelto a crear, para ser como él. Por eso, ya no deben mentirse los unos a los otros. Todos nosotros somos miembros de un mismo cuerpo, así que digan siempre la verdad* (Efesios 4:23-25, TLA).

La honestidad en la relaciones comienza con el compromiso de decirse la verdad, aunque sea difícil descubrir la verdad. La idea de la sociedad donde vivimos es que no es necesario decir toda la verdad ni ser completamente sinceros. Que a veces es mejor para el otro vivir con una mentira que darse cuenta de la verdad. Es claro que ese no es el consejo bíblico.

Ahora, hay una diferencia entre "decir la verdad" y "decirle sus verdades" al otro. La primera surge de la intención de traer lo oculto a la luz para que el Señor traiga restauración y redención a la relación o evitar que el diablo distorsione lo ocurrido. La segunda nace de la molestia que se siente por algo que el otro hizo o dijo y queremos dejarlo en claro, casi sin compasión, cuánto nos molestó lo que hizo o dijo y lo que pensamos de la otra persona. La Palabra nos instruye a decir la verdad, no a decirle al otro sus verdades.

Siempre es mejor una verdad, aunque sea difícil de procesar emocionalmente, que una mentira piadosa. Porque tarde o temprano las mentiras se descubren, y una verdad conocida después de haberse ocultado es más dañina que una verdad dicha a tiempo.

Entonces, ¿cómo podemos hablar la verdad entre nosotros de tal manera que si mi hermano necesita escuchar algo sobre él y su conducta, o sobre algo que está pasando o sobre lo que siento o pienso, no lo reciba como un ataque hacia su persona? Al menos en lo que dependa de nosotros, ¿hacemos lo posible para que mi hermano reciba lo que le decimos como oportunidad de reflexión, de aclaración y de cambio, de ser necesario? La respuesta a estas preguntas es a través de la gentileza. Pablo escribió a la iglesia en Filipo y le pidió *que todos sepan que ustedes son amables y gentiles* (Filipenses 4:5b, PDT).

La palabra griega que se traduce como *"amables y gentiles" es epieikēs* que también se traduce en otras versiones de la Biblia como gentileza, bondad, amabilidad, consideración, modestia. La gentileza es una virtud que expresa un alto grado de modestia, en lugar de arrogancia, considerando el bien del otro, siendo amable y bondadoso con las palabras y las acciones en lugar de pelear por los derechos personales.

Si leemos con detenimiento en Efesios 4:25-31 la exhortación de Pablo a la iglesia, cuando les pide que no se mientan entre ellos, allí encontraremos algunos principios importantes que nos ayudarán a evitar todo acto grosero y de descortesía en el trato con el otro. No solo eso, sino que nos habilitarán para cultivar un trato gentil en las relaciones interpersonales, aun cuando existan situaciones de tensión.

Primero, **cuidado con el enojo.** *Si se enojan, no permitan que eso los haga pecar. El enojo no debe durarles todo el día, ni deben darle al diablo oportunidad de tentarlos* (Efesios. 4:26-27, TLA).

Está permitido enojarse cuando alguien te lastima u ofende con sus palabras o acciones, pero lo que no está permitido es que ese enojo te haga pecar, que es hacer aquello que va en contra de tus valores morales, bíblicos y cristianos. Tampoco es válido dejar que ese enojo se quede mucho tiempo, porque le da una oportunidad al diablo de tentarle. La gentileza cobra vida en aquellos que enojándose por lo ocurrido no se estancan en su enojo sino que siguen adelante y no permiten que ese enojo controle sus conductas, sus palabras y sus actitudes hacia el otro. El enojo debe ser una reacción a lo que es incorrecto, pero nunca debe transformarse en una condición permanente del alma.

Segundo, **cuidado con las conductas.** Quien antes fue ladrón, debe dejar de robar, y ahora trabajar bien y con sus propias manos. Así tendrá dinero para ayudar a las personas necesitadas (Efesios 4:28, TLA).

Los hábitos y las conductas de los miembros de una comunidad quitan o dan, roban o ayudan a sus compañeros. Lo que cada uno hace en y con su vida, determina lo que puede hacer en y por los demás. Se necesita un cambio en esos hábitos y en esas conductas personales que agreden al bien del otro. Porque la gentileza es un acto de bondad que comienza con el cambio personal para poder contribuir al cambio de los demás. Bondad que debe expresarse en todo tiempo, no solo cuando hay un problema. Los miembros de la comunidad, de manera reactiva, deben intervenir para ayudar a solucionar el tema en cuestión.

Tercero, **cuidado con las palabras**. *No digan malas palabras... Al contrario, digan siempre cosas buenas, que ayuden a los demás a crecer espiritualmente, pues eso es muy necesario. No hagan que se ponga triste el Espíritu Santo de Dios, que es como un sello de identidad que Dios puso en ustedes, para reconocerlos cuando llegue el día en que para siempre serán liberados del pecado. Dejen de estar tristes y enojados. No griten ni insulten a los demás...* (Efesios 4:29-31).

Lo cierto es que las palabras son una manera de "sacar del sistema" emociones fuertes, de descomprimirnos emocionalmente. Por eso es muy común que las personas en nuestra sociedad usen malas palabras e insultos como una manera de descomprimir las emociones y los sentimientos de frustración y enojo cuando algo que no les gusta sucede. Pero no debe ser así con aquellos que hemos nacido de nuevo y formamos parte de una comunidad de discípulos de Jesús.

Así que cuando necesitamos desahogarnos, lo hacemos también con palabras, pero con aquellas que no ofenden ni a Dios ni al prójimo, sino que respetan al prójimo y honran al Espíritu Santo que está en nosotros. La gentileza siempre busca ser considerado con el otro y usar las palabras como una herramienta para construir y no como armas para lastimar o destruir.

Debemos responder con amabilidad usando frases que contengan expresiones tales como "gracias", "perdón", o "por favor". Si en nuestra conversación alguien comenta algo que no nos cae bien o que nos parece fuera de lugar, podemos responder diciendo "gracias por tu opinión, lo consideraré", o "perdón quizás no fui claro, déjame explicarte lo que quise decir", o "por favor me podrías explicar un poco más tu punto de vista porque me interesa entender tu opinión". Debemos aprender a hablar construyendo puentes que nos conecten en lugar de muros que nos separen.

Cuarto, **cuidado con la actitud.** *Dejen de hacer el mal. Por el contrario, sean buenos y compasivos los unos con los otros, y perdónense, así como Dios los perdonó a ustedes por medio de Cristo* (Efesios 4:31b-32, TLA).

Ese sentimiento de "me las van a pagar" no debe ser parte de los seguidores de Jesús. El espíritu de venganza es una actitud que trae agresividad y busca pagar "ojo por ojo" y "diente por diente", pero el espíritu compasivo busca perdonar y pagar "bien por mal". La gentileza busca mirar lo que Dios hizo por uno y lo que Dios quiere hacer en lo que está ocurriendo en lugar de mirar lo que el otro hizo o está haciendo. Cuando se descubre lo que Dios está haciendo entonces, y recién entonces, se puede cambiar la culpa en perdón, el deseo de venganza por un sentimiento de compasión.

Preguntas para la reflexión y el diálogo

• ¿Cuál ha sido tu manera de tratar con aquello que te incomoda o que estás en desacuerdo con otros, en tu familia, en tu trabajo, en la iglesia o el ministerio donde sirves? ¿Qué cambios harías?

• De acuerdo con la enseñanza de Pablo en Efesios 4, ¿qué necesitas corregir en lo personal y que necesitamos corregir como iglesia en la manera en que nos relacionamos para que haya más honestidad relacional?

DIÁLOGO

*Mas conversación intencional
y menos monólogo gerencial*

9
MONÓLOGO GERENCIAL

Quizás animados por la idea de que la iglesia es como una empresa y abrazando la idea de que el éxito de una iglesia está en su crecimiento numérico, nos hemos encontrado con la triste realidad que nuestras comunidades de fe tienen muy poco de comunidad y mucho de cadenas piramidales o de empresas trabajando para alcanzar sueños y ambiciones personales u organizacionales. Y en consecuencia, el monólogo gerencial se ha apoderado de la comunicación en nuestras congregaciones porque si somos una empresa o una pirámide que tiene que producir ciertos resultados, entonces hay que dar visión, hay que dar órdenes, hay que marcar las pautas de producción, aunque suene extraño decirlo de esa manera.

Ahora, con esto no estoy diciendo que estoy en contra de un liderazgo de Dios en la iglesia, que tiene la responsabilidad de recibir visión y establecer dirección en las comunidades de fe y en las denominaciones y concilios. Creo en la importancia y la necesidad de liderazgo en la iglesia. Pero lo cierto es que no hay lugar más inseguro que aquel espacio humano donde solo uno se siente con el permiso de hablar, y los demás solo tienen la obligación de escuchar lo que ese privilegiado dice para ponerlo por obra.

Creo en el orden y creo en la autoridad delegada como principios espirituales bíblicos que son fundamentales para que haya salud en las iglesias locales y en la iglesia en general. También creo en que Dios da visión a los líderes de la iglesia, en entendimiento de cuál es la asignación de Dios para que esa iglesia o ministerio sea protagonista de la Gran Comisión.

Pero he aprendido que cuando el Espíritu Santo está en el

asunto, esa conversación que tiene con el líder, también la está teniendo con todo el equipo pastoral o ministerial desde diferentes ángulos. Y es sumamente enriquecedor cuando, mientras el Espíritu está hablando con cada uno, que todos tengamos la oportunidad de dialogar para descubrir lo que nos está diciendo como cuerpo y no solo como miembros, como comunidad y no solo como individuos.

En el libro *El pastor y su liderazgo* trato de forma más extensa lo que a mí personalmente me gusta llamar liderazgo conversacional. Pero aquí solo quisiera agregar que establecer un liderazgo donde el diálogo prevalece sobre el monólogo, y donde el prestar atención a lo que los demás miembros del equipo tienen que decir es un valor. Es la clave para poder desarrollar valores comunes y crear interpretaciones comunes para la salud de los miembros de la comunidad y para la realización de las tareas.

Si tomamos como base lo que ocurrió en la Iglesia de Antioquía en Hechos 13:1-3, entonces descubriremos que esa congregación tenía tres características muy saludables:

1. Entendía que Dios hablaba con todos, no solo con los líderes.
2. La pastoral de la iglesia se expresaba en la pluralidad de ministerios, no estaba monopolizada por uno de los ministerios.
3. Eran una comunidad de fe que ministraban primariamente al Señor, no al líder o a la congregación.

Ahora si tomamos estas tres virtudes de la iglesia en Antioquía y las consideramos desde lo opuesto, entonces descubriremos tres características del monólogo gerencial que tanto daño produce a nuestras comunidades de fe:

El monólogo gerencial monopoliza la voz de Dios

El monólogo gerencial nace de la idea de que Dios está hablando con uno solo o con algunos muy selectos, y en consecuencia él o ellos solos determinan lo que los demás deben creer o hacer, o la visión que se debe seguir.

En Hechos 13 se cuenta de la iglesia de Antioquía, *que Mientras ayunaban y participaban en el culto al Señor, el Espíritu Santo dijo: «Apártenme ahora a Bernabé y a Saulo para el trabajo al que los he llamado». Así que después de ayunar, orar e imponerles las manos, los despidieron* (Hechos 13:2-3, NVI).

Ahora, cuando el texto bíblico dice que mientras estaban en el culto *"el Espíritu Santo dijo: «Apártenme ahora a Bernabé y a Saulo para el trabajo al que los he llamado»* no indica que fuera algo que se enteraron en ese momento, sino que era algo que los líderes de la iglesia ya conocían. La Biblia *The Message* lo expresa así: *"inclusive ellos estaban ayunando mientras esperaban por dirección"*, y luego agrega que *"el Espíritu Santo habló: Tomen a Bernabé y a Saulo y comisiónenlos para el trabajo que yo los he llamado que hagan"*. Por lo tanto, los líderes de la iglesia ya habían escuchado a Bernabé y a Saulo contarles lo que Dios les había hablado, así que se dieron a la tarea de buscar dirección de Dios para entender cómo habilitarlos en la voz de Dios sobre ellos.

Me pregunto, ¿cuánto estamos escuchando lo que Dios está hablando con los niños, con los jóvenes, y con los hermanos en la iglesia? Cuando Dios da visión a una comunidad de fe, también Él se encarga de movilizar a su pueblo en ella. Como me dijera uno de mis mentores hace muchos años atrás, "en la iglesia, la profecía va antes que la promoción". El monólogo gerencial busca promover lo que una persona escuchó y cree que todos se ven igual en la asignación de esa congregación, pero no sabe escuchar la voz profética de Dios en los miembros de la iglesia.

Dios está conversando con los miembros de nuestras iglesias y les está contando lo que ellos son y lo que Él quiere que hagan en SU obra. Haríamos bien en prestarle atención a estas conversaciones y buscar dirección del Señor sobre ese llamado que los miembros de nuestras iglesias están escuchando.

Quienes lideran las iglesias no pueden caer en el error de pensar que Dios sólo habla con ellos y que son los únicos que tienen un llamado y todos los demás en la congregación deben servir a esa única conversación. Los pastores y líderes de la iglesia no pueden monopolizar la voz de Dios.

El monólogo gerencial monopoliza el ministerio de Dios

El monólogo gerencial se fundamenta en la idea de que solo una persona tiene el llamado al ministerio y por consiguiente el derecho de hablar y esa persona es el líder, el que está al mando. Es un mono logo, una sola palabra, la de aquel que está al mando. No me malentiendas, sí creo en autoridad delegada como ya mencioné, y también creo en que Dios pone líderes para presidir las comunidades de fe. Pero también he aprendido que en el Nuevo Testamento los términos como ancianos, pastores y diáconos, siempre aparecen en plural. Esto indica que Dios establece claramente que Él, como Señor y Dios de la iglesia, lidera a su pueblo a través de un cuerpo de líderes. Si nuestras estructuras organizacionales solo establecen un pastor principal por iglesia o un líder por ministerio, ese pastor o líder puede crear un espacio de diálogo en los niveles de liderazgo de la iglesia que traiga a la comunidad de fe la voz completa y no parcial de Dios.

La iglesia de Antioquía tenía un liderazgo compartido de los cinco ministerios. Sus líderes entendían el liderazgo de los cinco ministerios en forma horizontal, y no vertical y gerencial. Por eso el relato bíblico comienza diciendo: *Había entonces en la iglesia que estaba en Antioquía, profetas y maestros: Bernabé, Simón el que se llamaba Niger, Lucio de Cirene, Manaén el que se había criado junto con Herodes el tetrarca, y Saulo* (Hechos 13:1).

Nuestra tendencia de institucionalizar y transformar los cinco ministerios en posiciones y títulos eclesiásticos, nos han jugado una mala pasada. La pastoral de nuestras iglesias no debería estar centrada en un individuo que emula el título de apóstol, o profeta, o evangelista, o maestro o pastor. La pastoral de nuestras iglesias debería estar centrad en Jesucristo, y activada por medio de los cinco ministerios, en plena armonía y plena integración, expresando todas las dimensiones y la fuerza del ministerio de Jesús. Porque los cinco ministerios es la manera en que Jesús se manifiesta para ministrar y liderar a su iglesia en el cumplimiento de la misión de Dios.

Vuelvo a repetir, creo en la autoridad delegada, pero lo que no comparto es cuando un solo ministerio monopoliza y manipula la vida y el servicio de toda la iglesia. Necesitamos más que nunca en las comunidades de fe y de servicio una pastoral interpretada y manifestada por los cinco ministerios, apóstoles, profetas, evangelistas, pastores y maestros, fluyendo en armonía y unidad.

El monólogo gerencial monopoliza la liturgia de Dios

Se nos dice de la iglesia en Antioquía que cuando tenían que escuchar la voz de Dios lo hicieron *ministrando éstos al Señor, y ayunando*. La palabra *"ministrando"* proviene de la traducción del griego *"liturgia"* y habla del orden y las formas de la ceremonia del culto en función de ser servidores públicos. Poseen dos enfoques primarios:

1. Celebrar funciones cultuales, como SER ADORADORES de Dios. Y en este caso, adorar significa rendirse a lo que Dios disponga para servirle y agradarle.

2. Celebrar funciones caritativas, SER BENEFACTORES del hombre. Y en este caso benefactor significa dar un beneficio que le alivie a las personas sus males.

Cuando nuestras liturgias nos posicionan como adoradores de Dios antes que como benefactores del hombre, entonces estamos hablando de estar conectados con el trono de Dios. Es cuando nuestros radares espirituales están sintonizados con las señales que salen de la presencia del Dios de la iglesia. Debemos posicionar nuestras liturgias, nuestras reuniones, nuestras prácticas como comunidad y como individuos de tal forma que NO ministremos al pueblo o a líderes, sino al Señor en primer lugar.

Nuestras liturgias deben conectarnos con el trono de Dios antes que celebrar a un líder o buscar satisfacer a un pueblo. Nuestras liturgias deben posicionarnos para escuchar a Dios antes que al hombre. El liderazgo ministerial de la iglesia debe volver a ministrar al Señor. El centro de nuestras liturgias debe ser el Señor, no el pueblo, no nuestras visiones, no el ministro.

Nuestra adoración debe ser para Dios. Cuando el Señor Jesús es ministrado, es el centro de nuestra adoración como comunidad. Entonces, la voz de su Espíritu Santo se escucha trayendo dirección.

Cuando la iglesia ministra al Señor, entonces es...

- **Una iglesia que escucha la voz del Espíritu Santo.** Dijo el Espíritu Santo: Apartadme a Bernabé y a Saulo y comisiónenlos para la obra a que los he llamado. Si la iglesia no está escuchando al Espíritu Santo, entonces, ¿a quién está escuchando?

- **Una iglesia que actúa en obediencia al Espíritu Santo.** Entonces, ellos los comisionaron. En este círculo de intensidad y de obediencia, habiendo ayunado y orado, les impusieron las manos y los enviaron. Si la iglesia no está obedeciendo al Espíritu Santo, entonces ¿a quién está obedeciendo?

- **Una iglesia que es guiada por el Espíritu Santo.** Incluso ayunaban mientras esperaban ser guiados. Si el Espíritu Santo no está guiando a la iglesia, ¿entonces quién la está guiando?

Cuando ministramos al pueblo, el pueblo habla, llama y envía. Cuando ministramos al líder, el líder solamente habla, llama y envía. Pero cuando ministramos al Señor, entonces, el Espíritu Santo habla, el Espíritu Santo llama y el Espíritu Santo envía.

Preguntas para la reflexión y el diálogo

• ¿Identificas en tu persona algunas características del monólogo gerencial cuando estás sirviendo o liderando en la comunidad de fe? ¿Qué cambios personales debes hacer?

• ¿Qué pueden hacer como iglesia para minimizar el monólogo gerencial y así tener un ministerio mucho más pluralista, una voz de Dios mucho más comunitaria y una liturgia mucho más centrada en Dios?

10
CONVERSACIÓN INTENCIONAL

Sucede más conversación intencional cuando el monólogo del líder, ya sea por la predicación y la enseñanza de la Palabra, o por la instrucción al equipo en cuanto al trabajo, está rodeada dentro de un ambiente de permiso para preguntar con libertad por lo que no se entiende. Cuando esto es abrazado con las historias de lo que Dios está haciendo, la conclusión siempre será *"nos ha parecido bien a nosotros y al Espíritu Santo"*.

Pablo le escribió a la iglesia *que sus conversaciones sean cordiales y agradables, a fin de que ustedes tengan la respuesta adecuada para cada persona* (Colosenses 4:6, NTV). Ese era el ambiente de la comunidad de discípulos de Jesús. Por eso los Evangelios nos cuentan una y otra vez que los discípulos le preguntaban a Jesús.

Cuando se quedó solo, los doce y los que estaban alrededor de él le hicieron preguntas sobre las parábolas (Marcos 4:10, NVI).

Después de que dejó a la gente y entró en la casa, sus discípulos le preguntaron sobre la comparación que había hecho (Marcos 7:17, NVI).

—*¿Por qué dicen los maestros de la ley que Elías tiene que venir primero?* —*le preguntaron* (Marcos 9:11, NVI).

A Jesús no le molestaban las preguntas, al contrario, las promovía. El mismo Jesús iniciaba conversaciones con preguntas. Cuando llegó a Cesarea de Filipo con sus discípulos se nos dice que *preguntó a sus discípulos, diciendo: ¿Quién dicen los hombres que es el Hijo del Hombre? Ellos dijeron: Unos, Juan el Bautista; otros, Elías; y otros, Jeremías, o alguno de los profetas. Él les dijo: Y vosotros, ¿quién decís que soy yo? Respondiendo Simón Pedro, dijo: Tú eres el Cristo, el Hijo del Dios viviente. Entonces le respondió Jesús: Bienaventurado eres, Simón, hijo de Jonás, porque no te lo reveló carne ni sangre, sino mi Padre que está en los cielos* (Mateo 16:13-17).

Jesús procuraba conversar porque el diálogo mostraba en su comunidad de discípulos lo que los hombres están diciendo pero también lo que Dios estaba revelando. Eso construía en la comunidad de sus discípulos valores y significados comunes. El monólogo solo permite que se conozcan los valores y los significados de una sola persona, pero el diálogo en la comunidad de fe permite cultivar esos valores y significados que son comunes a todos y que provienen del mismo trono de Dios.

La conversación intencional es algo que también encontramos en la iglesia primitiva. Cuando la iglesia se encontró con la realidad de que el evangelio había llegado a los gentiles –a las personas que no eran judías–, se polarizó en cuanto a cómo tratar esta situación. Fue entonces que los líderes de la iglesia en ambos grupos decidieron que el monólogo gerencial polarizado no era la respuesta. Así que decidieron unirse para tratar el asunto, esto el Espíritu Santo lo dejó registrado y está en Hechos capítulo 15, dejándonos varios principios que hacen a un diálogo saludable en la comunidad de fe y primordialmente entre aquellos que están trabajando y liderando juntos en el ministerio.

Primero, **una conversación saludable tiene claridad y tiene enfoque claro.**

Según Hechos 15:6, *se reunieron para conocer de este asunto* (RV60), *para examinar* (NVI), *para considerar* (LBLA), *para estudiar* (DHH), *para resolver* (NTV), *para tomar una decisión bien pensada* (TLA).

La pregunta es: ¿Por qué estamos conversando sobre esto? Si la respuesta es, para ver quién tiene la razón, entonces saldremos en discordia, peleados y enojados unos con otros. Pero si la respuesta es, para tomar una decisión bien pensada, entonces saldremos más unidos que nunca, esa conversación traerá claridad y soluciones.

Segundo, **una conversación saludable argumenta evitando personalizar los argumentos.**

"Después de mucho discutir" (Hechos 15:7, DHH).

Convengamos que todos somos seres pensantes y que por esa simple razón existe el permiso necesario de argumentar sobre el tema a tratar o resolver, siempre y cuando esté enfocado en el asunto. Cuando conversamos no debemos enfocarnos en la persona que opina diferente a mí sino en la opinión diferente de esa persona. Esto ayuda a mantener enfocada la conversación en la situación a tratar y evita que se desvíe en una conversación acerca de la otra persona tomando las palabras o los argumentos como algo personal.

Tercero, **una conversación saludable contiene historias de lo que Dios está haciendo.**

"Pedro se levantó y les dijo… y oyeron a Bernabé y a Pablo que contaban cuán grandes señales y maravillas había hecho Dios…" (vv. 10, 12).

Todo argumento personal e intelectual debe rendirse al argumento de lo que Dios está hablando a través de sus obras. Cuando en el diálogo hay solo lo intelectual, pero no contamos con lo sobrenatural, entonces solo estamos filosofando, haciendo teología teórica.

Cuarto, **una conversación saludable contiene un fuerte elemento de silencio para oír, el callarse para escuchar.**

"Entonces toda la multitud calló y oyeron… cuando ellos callaron, Jacobo respondió diciendo…" (vv. 12-13).

¡Cuántas veces nos hemos encontrado escuchando a alguien sin estar escuchándole realmente! Solo esperando que termine de hablar porque ya sabemos lo que le queremos decir. Si nos vamos a poner de acuerdo, hay que aprender a callarse para escuchar y así entender, y no solo responder. Si no sabemos escuchar nunca podremos conversar. Y saber escuchar significa prestar atención a lo que el otro está diciendo porque realmente queremos conocer su punto de vista. Y ese prestar atención, requiere que hagamos preguntas para entender, que pidamos de ser necesario que nos vuelva a explicar lo que dijo, porque realmente queremos entender su punto de vista y lo que está explicando.

Quinto, **una conversación saludable encuentra sus fundamentos en la Biblia.**

"Y con esto concuerdan las palabras de los profetas..." (v. 15).

Nuestras conversaciones siempre deben alinear los argumentos intelectuales y las historias de lo vivido, con la Palabra de Dios. Es que lo que pensamos y lo que estamos viendo que pasa necesita encontrar su explicación en las Escrituras. Por eso nuestras conversaciones siempre necesitan preguntarse qué dice la Biblia al respecto.

Sexto, **una conversación saludable es dirigida por el Espíritu Santo.**

"Porque ha parecido bien al Espíritu Santo, y a nosotros" (v. 28).

Todo diálogo saludable siempre invita al Espíritu Santo para que lo dirija y se conversa buscando entender lo que el Espíritu Santo está diciendo. Cuando se llega a una conclusión, siempre se debería poder decir: *le pareció bien al Espíritu Santo.*

Séptimo, **una conversación saludable llega a un acuerdo.**

"Nos ha parecido bien, habiendo llegado a un acuerdo..." (v. 25).

Todo diálogo saludable siempre concluye con un acuerdo, donde a todos les parece bien y están disponibles para comunicar, presentar y representar esa decisión con el resto de la iglesia como un solo cuerpo, como una sola persona, en un mismo sentir.

Preguntas para la reflexión y el diálogo

• ¿Cómo eres intencional en cultivar conversaciones relevantes y no limitar tu interacción con los demás en diálogos irrelevantes y sin trascendencia?

• ¿Sientes la libertad de preguntar y conversar sobre aquellos temas que te son relevantes para tu vida y para la iglesia?

• Prestando atención a los principios de Hechos, ¿qué elementos de la conversación intencional necesitamos cultivar como iglesia?

EVALUACIÓN

*Más evaluación personal
y menos juicios congregacionales*

11
JUICIO CONGREGACIONAL

¡Qué lugar tan terrible es aquel donde el juicio y la condenación reinan en el ambiente en las relaciones personales! Ese lugar, esa comunidad donde no puedes equivocarte o fallar porque seguro serás enjuiciado y expuesto a la vergüenza pública, a las miradas condenatorias, al rechazo de aquellos que un día siendo tus amigos, pero hoy sintiéndose santos, creen que se deben separar de ti porque no eres otra cosa que un vil pecador.

El juicio congregacional se da en una comunidad construida en base a las comparaciones, donde la espiritualidad exitosa se establece en la comparación con otros y en el error de los demás.

Ese era el espíritu que reinaba en el pueblo de Israel en el tiempo de Jesús. En Juan 8:1-11 encontramos el momento en que le traen a Jesús una mujer que fue encontrada en el acto de adulterio. Los que la trajeron querían apedrearla, pero Jesús les contestó con la famosa frase: *... Si alguno de ustedes nunca ha pecado, tire la primera piedra* (Juan 8:7, TLA). Con estas palabras Jesús confrontó uno de los aspectos más diabólicos del juicio congregacional, la necesidad de exponer el pecado de otro y condenarlo para sentirse más santo. Esa es una espiritualidad propia mal construida en comparación con la espiritualidad de otros, especialmente de aquellos que a juicio personal son más pecadores que uno.

Jesús no solo desarmó a quienes acusaban a la mujer queriendo apedrearla a través del juicio congregacional, sino que también creó una oportunidad de cambio para ella. Por eso cuando vio que todos los acusadores se habían ido se dirigió a ella y le dijo:

—*Mujer, los que te trajeron se han ido. ¡Nadie te ha condenado!*

Ella le respondió:

—Así es, Señor. Nadie me ha condenado.

Jesús le dijo:

—Tampoco yo te condeno. Puedes irte, pero no vuelvas a pecar (Juan 8:10-11, TLA).

El espíritu de juicio congregacional se alimenta del pequeño juez que todos cargamos dentro desde la caída del hombre. Ese juez, que no es otra cosa que esa necesidad de estar señalando lo malo de lo demás para que no se note nuestra propia maldad, o quizá para que el peso de nuestro propio fracaso no sea tan difícil de llevar. Tal vez por eso cuando Dios confrontó a Adán con su desobediencia, la reacción inmediata de Adán fue culpar a Dios mismo y señalar la acción de Eva, cuando le respondió:

—La mujer que me diste por compañera me dio de ese fruto, y yo lo comí (Génesis 3:12, NVI).

En medio de esta cultura de juicio la orden de Jesús fue muy clara: *No se conviertan en jueces de los demás, y así Dios no los juzgará a ustedes. Si son muy duros para juzgar a otras personas, Dios será igualmente duro con ustedes. Él los tratará como ustedes traten a los demás. ¿Por qué te fijas en lo malo que hacen otros, y no te das cuenta de las muchas cosas malas que haces tú? Es como si te fijaras que en el ojo del otro hay una basurita, y no te dieras cuenta de que en tu ojo hay una rama. ¿Cómo te atreves a decirle a otro: "Déjame sacarte la basurita que tienes en el ojo", si en tu ojo tienes una rama? ¡Hipócrita! Primero saca la rama que tienes en tu ojo, y así podrás ver bien para sacar la basurita que está en el ojo del otro.* (Mateo 7:1-5, TLA).

Sean compasivos, así como su Padre es compasivo.

«*No juzguen, y no se les juzgará. No condenen, y no se les condenará. Perdonen, y se les perdonará. Den, y se les dará: se les echará en el regazo una medida llena, apretada, sacudida y desbordante. Porque con la medida que midan a otros, se les medirá a ustedes»* (Lucas 6:36-38, NVI).

El mismo apóstol Santiago tiene que tratar con este espíritu de juicio congregacional y le tiene que decir a los miembros de la iglesia: *Hermanos, no hablen mal unos de otros. Si alguien habla mal de su hermano, o lo juzga, habla mal de la ley y la juzga. Y, si juzgas la ley, ya no eres cumplidor de la ley, sino su juez. No hay más que un solo legislador y juez, aquel que puede salvar y destruir. Tú, en cambio, ¿quién eres para juzgar a tu prójimo?* (Santiago 4:11-12, NVI).

Y qué decir cuando el apóstol Pablo apela a lo espiritual de los miembros de la iglesia de Galacia diciéndoles: *Hermanos, si alguien es sorprendido en pecado, ustedes que son espirituales deben restaurarlo con una actitud humilde. Pero cuídese cada uno, porque también puede ser tentado. Ayúdense unos a otros a llevar sus cargas, y así cumplirán la ley de Cristo. Si alguien cree ser algo, cuando en realidad no es nada, se engaña a sí mismo. Cada cual examine su propia conducta; y, si tiene algo de qué presumir, que no se compare con nadie. Que cada uno cargue con su propia responsabilidad* (Gálatas 6:1-5, NVI).

La pregunta que necesitamos contestar es: ¿Cómo vencer un espíritu de juicio hacia otros? Si tomamos en cuenta los pasajes bíblicos anteriores, entonces encontraremos diez principios espirituales que anulan el espíritu de juicio congregacional:

1. Recuerda que tú no eres Dios y mucho menos el juez de otros.

2. Recuerda que si juzgas a otro, serás juzgado por Dios, te enjuiciará Dios mismo.

3. Recuerda que tú mismo no estás libre de pecado.

4. Recuerda que eres un practicante de la Palabra, no un juez para hacer que otros practiquen la Palabra.

5. Recuerda que tú mismo también puedes ser tentado.

6. Recuerda que con la misma medida con que midas a otros, serás medido.

7. Aprende a reconocer e identificar la viga en tu propio ojo. Sé consciente de tu propio problema, que es más grande que la astilla, el problema del otro. Cuando mires el tamaño de lo tuyo, el tamaño de lo de los otros se hace pequeño. Recuerda que tu responsabilidad es probarte, juzgarte a ti mismo y que no estás autorizado a juzgar a otros.

8. Toma la decisión de quitar la viga de tu ojo si quieres ayudar al otro con su astilla.

9. Cultiva una actitud de misericordia hacia los demás. Decide que eres un restaurador y que cultivarás un espíritu de mansedumbre para ayudar a otros.

10. Decide cambiar las piedras que matan por instrumentos que dan vida. ¿Qué tienes en tu mano, en tu boca, en tu mirada, en tus actitudes: piedras para castigar u oportunidades para restaurar? La misericordia y el perdón de Dios liberan a tu prójimo para no pecar más.

Preguntas para la reflexión y el diálogo

• ¿Identificas algún elemento del juicio congregacional en tu relación con los demás? ¿Cuáles son y por qué crees que son parte de tu forma de ver a tu prójimo?

• ¿Qué ajustes necesitas hacer en tu vida para vencer esa actitud de juicio hacia otros?

12
EVALUACIÓN PERSONAL

Más evaluación personal y menos juicio congregacional se dan cuando cada miembro en el equipo y en la comunidad de fe, tiene la disciplina de juzgarse, de probarse a sí mismo y entiende que nadie está libre de pecado, y que con la misma vara que mido seré medido. Practiquemos esto y dejemos que Dios sea el juez justo, mientras cada uno de los miembros de la comunidad de fe somos instrumentos de restauración en las manos de Dios.

Si hemos de dar seguridad a quienes forman parte de nuestra comunidad de fe o con quienes servimos juntos en el mismo equipo de ministerio, debemos aprender la disciplina de la autoevaluación. Sí, leyó bien, dije disciplina, porque el autoexamen no es simplemente una acción, es más que eso, es una disciplina espiritual que necesita ser reconocida y practicada por los creyentes para su propio bien y para el bien de la comunidad de fe a la que pertenecen.

Desde lo comunitario esta disciplina espiritual contrarrestará siempre el espíritu de juicio hacia el otro, porque, como hemos visto en la sesión anterior, mientras más consciente somos de nuestras propias debilidades y de nuestra propia realidad, entonces menos juzgamos y condenamos a los demás. En consecuencia, actuamos con más misericordia y perdón hacia nuestros hermanos en la fe.

Pero por otro lado, la disciplina espiritual de la autoevaluación cuida a quien la practica para no fallar o fracasar en su caminar con Cristo y en su ministerio cristiano. También identifica malos hábitos que corregir, malos deseos que abandonar y áreas débiles que fortalecer. A esto apela Pablo cuando trata el desorden de la Cena del Señor en las reuniones de la iglesia en Corinto. Un desorden de tal magnitud que había causado debilidad, enfermedad y hasta muerte en los miembros de la iglesia.

Por eso, si una persona come del pan o bebe de la copa del Señor Jesucristo sin darle la debida importancia, peca en contra del cuerpo y de la sangre de Jesucristo. Por lo tanto, antes de comer del pan y beber de la copa, cada uno debe preguntarse si está actuando bien o mal. Porque Dios va a castigar al que coma del pan y beba de la copa sin darse cuenta de que se trata del cuerpo de Cristo. Por eso algunos de ustedes están débiles o enfermos, y otros ya han muerto. El Señor Jesucristo se fija en nuestra conducta. Él nos corrige para que aprendamos, y para que así no tengamos que ser castigados junto con la gente de este mundo que no cree en él. Si pensamos bien lo que hacemos, no seremos castigados. Por eso, hermanos míos, cuando se junten para comer, esperen a que todos estén reunidos. Si alguno tiene hambre, es mejor que coma en su casa. Así Dios no tendrá que castigarlos por su comportamiento en las reuniones... (1 Corintios 11:27-34, TLA).

Pero aún más que cuidar, la autoevaluación es la posibilidad que cada uno de nosotros tenemos de crecer y de madurar. Además, nos ayuda a saber quién es Dios en nuestra vida y saber quiénes somos y cómo estamos en nuestra relación con Dios. He aprendido en el camino de la vida y del ministerio que mientras más entendemos y disfrutamos quien somos en Cristo, menos necesidad tenemos de estar mirando y juzgando a los demás. Es desde esta perspectiva que en la segunda carta a la Iglesia en Corinto el apóstol les pide que se autoevalúen examinando si están firme en su fe al decirles: *Pónganse a pensar en su manera de vivir, y vean si de verdad siguen confiando en Cristo. Hagan la prueba, y si la pasan, es porque él vive en ustedes. Pero si no confían en Cristo de verdad, es porque él no está en ustedes. Espero que reconozcan que nosotros sí hemos pasado la prueba* (2 Corintios 13:5-6, TLA).

Aquí, quizá como en ninguna otra parte de esta conversación, debería volver a esa imagen de estar haciendo autopsias, con la única posibilidad de examinar el cadáver espiritual, emocional, ministerial y familiar de creyentes y ministros, y enfatizar que ya no queremos más autopsias. Es tiempo de desarrollar una patología, tomando la imagen de la medicina contrapuesta a la autopsia, que nos ayude entender las causas, los síntomas y la evolución de los males que nos aquejan como individuos y como comunidad, y descubriéndolos a tiempo encontrar sanidad y cultivar salud los unos a los otros.

Aquí es donde la disciplina de la autoevaluación es importante. Pero lo cierto es que se necesita mucho valor para mirarse a uno mismo y con toda honestidad reconocer la condición y vivir con la responsabilidad de saber y entender en qué condición se está y quién se es para ser responsable delante de Dios. Es más fácil ignorar aspectos de nuestra persona, de nuestra condición y de nuestra vida, que siendo consciente, tener que lidiar con ellos y asumir la responsabilidad.

Ahora, si decides practicar la disciplina espiritual de la autoevaluación, por el bien propio y por el bien de tu comunidad de fe, entonces aquí están los tres principios bíblicos que te ayudarán a hacerlo con inteligencia espiritual.

Primero, **ora para que Dios te confronte**. *Examíname, SEÑOR; ¡ponme a prueba! purifica mis entrañas y mi corazón* (Salmos 26:2, NVI).

Integra a tu oración la petición a Dios pidiéndole que te examine. Decide no esconderte de Dios. Decide ser vulnerable ante Dios. Ese era el clamor del salmista cuando escribió: *Examíname, oh Dios, y sondea mi corazón; ponme a prueba y sondea mis pensamientos. Fíjate si voy por mal camino, y guíame por el camino eterno* (Salmos 139:23-24, NVI).

Decide no huir ni esconderte de Dios, como Adán lo hizo cuando se dio cuenta que estaba desnudo y se escondió. Pero Dios lo buscó y le hizo las preguntas que lo confrontaron con su realidad.

Pero Dios llamó al hombre y le preguntó:

—¿Dónde estás?

Y el hombre le contestó:

—Oí tu voz en el jardín y tuve miedo, pues estoy desnudo. Por eso corrí a esconderme.

—¿Y cómo sabes que estás desnudo? —le preguntó Dios—. ¿Acaso comiste del fruto del árbol que te prohibí comer?

El hombre respondió:

—La mujer que tú me diste por compañera me dio del fruto del árbol. Por eso me lo comí.

Dios se dirigió entonces a la mujer, y le dijo:

—¿Qué es lo que has hecho?

Y la mujer le respondió:

—La serpiente me tendió una trampa. Por eso comí del fruto (Génesis 3:9-13).

Si vas a pedirle a Dios que te examine, que mire tu condición, debes saber que Dios te confrontará porque el Espíritu Santo te va a mostrar la realidad y la va a tratar, ya que lo que el Espíritu busca es purificarte y guiarte.

Segundo, **medita para encontrar tu diagnóstico personal.** *Temblad, y no pequéis; meditad en vuestro corazón estando en vuestra cama, y callad* (Salmos 4:4).

La autoevaluación debe hacerse en un sentido profundo de meditación, habrá que considerar lo que se está haciendo, escudriñar cada cosa, y examinar la condición y la razón por la que se está como se está.

Dios mismo apeló al pueblo de Israel a que considerarán las razones por las que estaban en la condición que estaban, cuando les dice:

¿Acaso es el momento apropiado para que ustedes residan en casas lujosas mientras que esta casa está en ruinas?

Así dice ahora el SEÑOR Todopoderoso:

¡Reflexionen sobre su proceder!

Ustedes siembran mucho, pero cosechan poco; comen, pero no quedan satisfechos; beben, pero no llegan a saciarse; se visten, pero no logran abrigarse; y al jornalero se le va su salario como por saco roto».

Así dice el SEÑOR Todopoderoso:

¡Reflexionen sobre su proceder! (Hageo 1:3-7, NVI).

Una autoevaluación honesta siempre desembocará en un autodiagnóstico que identifique la condición y las circunstancias, y responde al por qué de esa condición y de esas circunstancias. Siempre recomiendo que cuando se toma tiempo para reflexionar y autoexaminarse, las personas escriban lo que se están descubriendo porque al sacarlo del pensamiento y verlo escrito ayuda a comprender la magnitud de lo que estamos entendiendo y también ayuda a la memoria futura, recordando de dónde el Señor los ha sacado.

Tercero, **toma decisiones para el cambio.** *Examinemos y evaluemos nuestra conducta y regresemos al SEÑOR. Elevemos nuestro corazón y nuestras manos hacia Dios en el cielo* (Lamentaciones 3:40-41, PDT).

Todo examen personal que se basa en la presencia misma de Dios confrontando y tratando con nuestra persona y nuestra condición de vida, y que tiene el valor de identificar la culpa propia por la condición, debe aterrizar en el arrepentimiento y la toma de decisiones para el cambio.

Es por eso que luego que Dios le pide al pueblo que reflexionen sobre sus caminos, les dice: *Vayan ustedes a los montes; traigan madera y reconstruyan mi casa. Yo veré su reconstrucción con gusto, y manifestaré mi Gloria —dice el Señor—*. (Hageo 1:8, NVI).

De la misma forma que escribiste tu diagnóstico personal, también te recomiendo que escribas una lista de decisiones muy específicas que te lleven a la acción práctica que cambiará áreas de tu persona y la condición de tu vida. Que puedas siempre decir como el salmista: *Dios mío, tú eres todo lo que tengo; de todo corazón quiero obedecerte y agradarte. ¡Cumple tu promesa y dame ánimo! No dejaré pasar más tiempo: me he puesto a pensar en mi conducta, y he decidido seguir tus mandamientos* (Salmos 119:57-60, TLA).

Preguntas para la reflexión y el diálogo

• ¿Cómo practicas el autoexamen?

• ¿Qué te impide comenzar con la disciplina espiritual de la evaluación personal si no la has practicado anteriormente?

• ¿Qué es lo que te impide llevar a cabo las decisiones que has tomado para el cambio?

CELEBRACIÓN

*Más reconocimientos del otro
y menos crítoca destructiva y envidiosa*

13

CRÍTICA CONSTRUCTIVA Y ENVIDIOSA

Existe una predisposición muchas veces en nuestra forma de ser para dudar, o contradecir, o cuestionar, o criticar con cierta malicia al otro cuando progresa o hace algo importante o si le va bien en lo que emprendió o si lo nombran en una posición de liderazgo.

Cuántas veces hemos escuchado dichos como estos:

• Si está progresando en su liderazgo dentro de la iglesia, "es porque seguro está acomodado con el pastor, porque yo podría ser mejor líder".

• Si lo pusieron a predicar en la iglesia, "estuvo bien pero pobrecito le falta mucho, no entiendo por qué no me ponen a mí si yo estoy mejor preparado".

• Si está prosperando económicamente, "quien sabe qué clase de negocio turbio tendrá".

• Si la iglesia está creciendo, "seguro que es porque están robando ovejas a otras iglesias".

• Si está llegando a niveles de influencia más altos y amplios en la denominación, "es porque tiene una doble agenda y anda buscando posiciones".

• Si escribe un libro, "no creo que sea bueno, al fin y al cabo. ¿qué me puede decir esta persona a mí que yo no sepa? Antes de comprar uno de sus libros mejor compro uno de alguien más reconocido".

Esta clase de actitud es la que le da vida a la crítica envidiosa que es destructiva. Una actitud que se nutre por los prejuicios personales, las competencias personales y las comparaciones personales para desacreditar a otros atacando su reputación y su buena fama.

Prejuicios personales

Los prejuicios personales son esas opiniones preconcebidas hacia algo o de alguien y por lo general son negativos. En la Biblia encontramos a Natanael con cierto prejuicio hacia la gente de Nazaret. En Juan 1:45-49 se narra el momento en que Felipe lo buscó para contarle que habían encontrado al Mesías, a Jesús, y que era de Nazaret.

—*¡De Nazaret!* —*replicó Natanael*—. *¿Acaso de allí puede salir algo bueno?...* (Juan 1:46, NVI).

Es claro que para Natanael las personas de Nazaret no tenían la mejor reputación, por eso aun sin conocer personalmente a Jesús, ya estaba cuestionando su persona y sus capacidades. Es que, como dice el dicho: Las apariencias muchas veces engañan. Por causa de esa actitud de prejuicio criticamos, cuestionamos, a desmerecemos a alguien que ni siquiera hemos tomado el tiempo de conocerlo. Porque ese espíritu de pre juicio se alimenta de información previa recibida sobre cómo son las personas de cierto país o de cierta clase, nos impide acercarnos para ver quiénes son realmente como individuos.

Para bendición de Natanael, Felipe frente al cuestionamiento de su hermano, lo desafió diciéndole: —*Ven y compruébalo tú mismo* (Juan 1:46b, NTV). La actitud de Felipe es la clase de actitud que necesitamos dentro de la iglesia. Cuando ese espíritu de menosprecio quiere surgir, necesitamos menos personas que, como diríamos en buen criollo "le echen leña al fuego", prestándose para una conversación infructuosa donde se está degradando a otros. Y necesitamos más Felipes que confronten a los prejuiciosos y los desafíen a comprobar por ellos mismos quién es, y cómo es, ese otro al que aún sin conocerlo, se está cuestionando, descalificando y criticando.

Competiciones personales

La sociedad en la que vivimos se basa en el éxito personal, en el progreso y los logros personales. Eso hace que las personas atrapadas por esa cultura del éxito vivan compitiendo por ser el más importante, el mejor, el más popular, el número uno. La cultura del éxito hace que las personas vivan y trabajen, e incluso sirvan en la obra del Señor, en una constante competición con otros, con aquellos que son sus pares pero que al mismo tiempo son su competencia. Y en lugar de dedicarse a ser lo que Dios quiere que sean, a hacer lo que Dios quiere que hagan, están siempre mirando quiénes son y qué hacen los demás, para ver como ellos pueden ser mejores o superarlos.

La sociedad donde Jesús realizó su ministerio en la tierra tenía el mismo problema, en diferente manera, pero era el mismo problema. Jesús trató este asunto de querer ser más importante con sus discípulos cuando, en Mateo 20:20-28 encontramos que la madre de Jacobo y Juan, influenciada por las ideas del poder de los gobernantes, le pidió a Señor que en su Reino sus dos hijos se sentaran uno a la derecha y el otro a la izquierda de Jesús.

El problema fue cuando los demás discípulos se enteraron y se indignaron con los dos hermanos. Así que, *Jesús los llamó y les dijo:*

—Como ustedes saben, los gobernantes de las naciones oprimen a los súbditos, y los altos oficiales abusan de su autoridad. Pero entre ustedes no debe ser así. Al contrario, el que quiera hacerse grande entre ustedes deberá ser su servidor, y el que quiera ser el primero deberá ser esclavo de los demás; así como el Hijo del hombre no vino para que le sirvan, sino para servir y para dar su vida en rescate por muchos (Mateo 20:25-28, NVI).

En Mateo 23:1-12 encontramos a Jesús tratando otra vez contra la misma actitud, pero ahora modelada por los líderes espirituales del pueblo. Luego de discutir con los saduceos y fariseos, el Señor se dirige a sus discípulos les hace ver que *Todo lo hacen para que la gente los vea: Usan filacterias grandes y adornan sus ropas con borlas vistosas; se mueren por el lugar de honor en los banquetes y los primeros asientos en las sinagogas, y porque la gente los salude en las plazas y los llame "Rabí"* (Mateo 23:5-7, NVI).

Así que Jesús llama a sus discípulos a un cambio de mentalidad y de actitud y les pide que no estén buscando los títulos que los hacen más grandes que los demás como rabí, maestro y padre. Los llama a una actitud de servicio y humillación. Por eso les dijo: *El más importante entre ustedes será siervo de los demás. Porque el que a sí mismo se enaltece será humillado, y el que se humilla será enaltecido* (Mateo 23:11-12).

Este asunto de la competencia personal y de querer ser más importante que el otro se había introducido tanto en el imaginario de vida de los discípulos de Jesús, que una vez más tuvo que tratar con esa actitud, pero esta vez ya no en relación con los gobernantes civiles o religiosos, sino en relación con ellos mismos.

Marcos 9:33-37 nos cuenta que Jesús se dirigió a Capernaúm, a la casa donde vivía con sus discípulos. Cuando llegaron les preguntó sobre qué venían discutiendo en el camino. Cada vez que leo este pasaje puedo imaginar los rostros de los discípulos como la de esos niños de poca edad que viene discutiendo en el asiento de atrás pensando que los padres nos los escuchan, pero de pronto uno de los padres pregunta: "¿De qué están hablando?". Y ninguno quiere decir, porque saben que estaban discutiendo de algo que ya los padres lo han tratado y está aclarado.

Pues así pasó con estos discípulos. Cuando Jesús les preguntó de qué venían discutiendo, dice la Escritura: *Pero ellos se quedaron callados, porque en el camino habían discutido entre sí quién era el más importante* (Marcos 9:34, NVI). Frente al silencio del grupo, el Señor los vuelve a reunir y les dice una vez más:

—*Si alguno quiere ser el primero, que sea el último de todos y el servidor de todo*s (Marcos 9:35, NVI).

¡Qué difícil es erradicar esta actitud de competencia personal buscando, consciente o inconscientemente, ver quién es mejor, quién es más importante! Pero si no lo hacemos, no habrá seguridad en nuestras comunidades de fe ni en nuestros equipos ministeriales.

Comparaciones personales

En Juan 21:15-23 encontramos a Jesús restaurando el amor de Pedro para con Él. Al final de la conversación Jesús le da a entender a Pedro con qué clase de muerte va a glorificar a Dios. Digamos que es increíble escuchar a Jesús contarte cómo vas a glorificar a Dios, pero que te cuente cómo vas a morir glorificando a Dios, eso debe ser una emoción fuerte. Y creo que lo fue para Pedro en ese momento. Así que luego de escuchar a Jesús, Pedro se da cuenta que lo sigue un discípulo a quién Jesús amaba mucho, de acuerdo con el relato del escritor del Evangelio de Juan. Y que además era el que se había sentado al lado de Jesús en la última cena.

Note que Pedro lo mira, quizá pensando que de verdad aquél es más amado por Jesús y que Jesús tiene preferencia con él, algo que dudo porque estoy convencido que Jesús nos ama a todos por igual y nos prefiere a todos por igual. Pero aquí estoy yo escuchando cómo me voy a morir, así que Pedro comparándose con ese otro discípulo no tuvo mejor idea que preguntar:

—*Señor, ¿y este, qué?*

A lo que Jesús responde:

—*Si quiero que él permanezca vivo hasta que yo vuelva, ¿a ti qué? Tú sígueme no más.* (Juan 21:21-22, NVI).

Las comparaciones personales son muy dañinas en la vida personal y en la vida comunitaria. Esa comparación con el otro sobre lo que tiene que yo no tengo. Esa comparación sobre lo que logra que yo no logro. Esa comparación personal cultiva una mala actitud hacia los demás por lo que el otro es, tiene y consigue. Desarrolla en muchos casos amargura y enojo porque nos hace pensar muchas veces que Dios tiene preferidos y que los planes de Dios son mejores para otros que para uno. Hacemos bien en no dar lugar a las comparaciones personales si queremos dar seguridad en nuestras comunidades de fe.

Preguntas para la reflexión y el diálogo

• ¿Cómo tratas en tu vida personal con la crítica destructiva y envidiosa?

• ¿Somos proclives a tener conversaciones donde se habla mal o se menosprecia la persona y el ministerio de otros hermanos o líderes, estando ellos ausentes? ¿Qué pasos debemos dar para dejar de hacerlo?

•¿Identificamos prejuicios, competencias y comparaciones personales que promueven un espíritu de envidia y crítica destructiva? ¿Qué debemos hacer para liberarnos de eso?

14

RECONOCIMIENTO DEL OTRO

Más reconocimiento del otro y menos crítica destructiva y envidiosa se da cuando los miembros de una comunidad de fe tienen una actitud personal en la que no compiten por ser el mayor, no se molestan por los planes que Dios tiene con los otros, y no son prejuiciosos en cuanto a la proveniencia de los otros.

El reconocimiento es el sentimiento que las personas expresan para agradecer un favor o algún bien que se ha recibido y para destacar las cualidades de alguien y celebrarlas y promoverlas. Esa clase de reconocimiento por los demás es lo que se promovía y enseñaba en la primera iglesia, según se relata en el Nuevo Testamento.

Este reconocimiento del otro es el resultado del amor fraterno que existe entre los miembros de la comunidad que los lleva a respetar y honrar al otro. Así Pablo le exhorta a la iglesia diciendo: *Ámense los unos a los otros con amor fraternal, respetándose y honrándose mutuamente* (Romanos 12:10, NVI).

El apóstol Pedro establece el mismo valor relacional al pedirle a la iglesia: *Honrad a todos. Amad a los hermanos. Temed a Dios. Honrad al rey* (1 Pedro 2:17).

Cuando Pablo enseñó que la iglesia es un cuerpo en Cristo, escribió: *De manera que si un miembro padece, todos los miembros se duelen con él, y si un miembro recibe honra, todos los miembros con él se gozan* (1 Corintios 12:26). Dejando claro que el éxito, la prosperidad, el crecimiento personal y ministerial de uno de nosotros debería ser la alegría de todos nosotros.

Cuando tuvo que enseñar sobre la forma en que debemos reconocer a los que sirven en el ministerio presidiendo, enseñando y predicando, entonces les instruye que: *Los ancianos que gobiernan bien la iglesia deben ser doblemente apreciados, especialmente los que se dedican a predicar y enseñar* (1 Timoteo 5:17, DHH). Debemos desarrollar entre nosotros, como comunidad de fe y como equipos ministeriales, expresiones concretas y tangibles de doble aprecio, especialmente en aquellos ministerios que son fundamentales para la vida y ministerio de la iglesia, tales como la enseñanza y la predicación.

Ahora, ¿cuáles son esas expresiones tangibles de reconocimiento? Algunas versiones bíblicas traducen este pasaje como doble salario, otras como doble honra. Lo que quiere decir el apóstol es que no limiten su reconocimiento a las palabras sino que lo lleven al grado de darles aquello que habilitará y ayudará a quienes sirviendo bien a la comunidad en liderar, enseñar y predicar, lo puedan seguir haciendo bien. Si esa expresión de reconocimiento es un salario, o un aumento de salario, o unas vacaciones, o un regalo, lo importante es que sea algo que le bendiga y le edifique como persona, ministro y como líder.

Seamos agradecidos con los demás y por los demás

La primera virtud que edifica un espíritu de reconocimiento del otro es el agradecimiento. Desde esta perspectiva debemos cultivar mucho más en nuestras comunidades de fe, en nuestros equipos ministeriales e incluso en nuestras comunidades pastorales, una praxis mucho más vocal de gratitud por aquellos que entre nosotros son o han sido una bendición para nuestra vida a través de su persona, de su ministerio y de su trabajo. Debemos tener expresiones de agradecimientos que se dicen con palabras pero que se expresan con actos concretos de celebración y de bendición para quienes nos han bendecido.

Celebremos con los demás y a los demás

Por otro lado, el reconocimiento tiene que ver con celebrar las cualidades y virtudes del otro y promoverlas. Tiene todo que ver con reconocer el ministerio, los dones, la forma en que Dios usa al otro y celebrarlo y promoverlo, en lugar de ignorarlo o dejarlo en el vacío del silencio.

Durante mi juventud un líder de la iglesia, luego de que yo predicara, se acercó y me dijo que había predicado un buen mensaje. Pero luego agregó que no me lo decía muy seguido porque no quería que se me subiera a la cabeza, que traducido al buen castellano significa que no quería que yo me creyera más de lo que soy. Me di cuenta con el correr de los años que esa era una actitud cultural muy fuerte entre nosotros los latinoamericanos y los hispanos. No le decimos al que hace bien su función porque pensamos que su ego va a crecer.

Quizá el ego crezca o quizás no. Pero lo cierto es que esa actitud de silencio e incluso de distanciamiento frente a lo que otros hacen bien, frente a la manera en que Dios los usa para los demás, ha privado a la iglesia de ministros y ministerios que pudieran florecer mucho más para el bien de la misión de Dios y para enriquecernos y edificarnos como hijos de Dios y como comunidad de Dios. Los dejamos solos porque nos molesta que Dios los use más que a uno, porque nos molesta que prosperen como cristianos, como ministros y como ministerios.

Si vamos a dar seguridad en nuestras comunidades necesitamos ser más intencionales en agradecer y en celebrar a los demás.

Dejemos de poner excusas

Es importante aclarar lo que no estamos diciendo cuando hablamos de cultivar un espíritu de reconocimiento y celebración de los demás. No estamos diciendo que todo se tiene que celebrar. Hay situaciones que seguramente deben ser confrontadas, pero identificar las áreas débiles de alguien no debería ser la excusa para dejar de mirar sus virtudes y fortalezas y celebrarlas y reconocerlas y promoverlas entre nosotros.

Tenemos la tendencia a recordar las cartas de Pablo como un acto de regaño y de corrección por los problemas que sucedían en las iglesias. Pero lo cierto es que aunque las cartas del apóstol confrontan actitudes y conductas que debían ser corregidas, también son una expresión de gratitud y de reconocimiento a las virtudes de esas congregaciones.

A la iglesia en Roma le dijo: *En primer lugar, doy gracias a mi Dios por cada uno de ustedes, en nombre de Jesucristo. En todas partes se habla bien de ustedes, y se sabe que confían en Dios y lo obedecen* (Romanos 1:8, TLA).

A la iglesia en Corinto le expresó: *Siempre le doy gracias a Dios por ustedes. Dios fue bueno y les dio a Jesucristo, y además los ayudó a que comprendieran su mensaje y lo comunicaran mejor. Ustedes creyeron totalmente en el mensaje de Jesucristo. Por eso, mientras esperan que Jesucristo vuelva, no les faltará ninguna bendición de Dios* (1 Corintios 1:4-7, TLA).

A la iglesia en Éfeso le escribió: *Me he enterado de que ustedes confían mucho en el Señor Jesús y aman a todos los del pueblo de Dios. Por eso, y por lo que antes dije, me acuerdo de ustedes cuando estoy orando, y le doy gracias a Dios por la confianza que en él tienen* (Efesios 1:15-16, TLA).

Y a la iglesia de Filipo les abrió su corazón al decirles: Siempre doy gracias a mi Dios, al acordarme de ustedes; y *cuando oro, siempre pido con alegría por todos, porque me ayudaron a anunciar la buena noticia desde el primer día que la oyeron hasta ahora. Dios empezó el buen trabajo en ustedes, y estoy seguro de que lo irá perfeccionando hasta el día en que Jesucristo vuelva. Está bien que yo piense así de todos ustedes, porque los quiero mucho, y porque ustedes comparten conmigo el trabajo de amor que Dios me ha encargado. En la cárcel, o delante de los jueces, ustedes siempre me apoyan para afirmar la verdad de esta buena noticia. Dios sabe que no miento cuando digo que los extraño y los quiero con el tierno amor que Jesucristo me da* (Filipenses 1:3-8, TLA).

Al leer las cartas de Jesús a las siete iglesias de Apocalipsis encontramos un buen modelo de cómo tratar áreas que se deben corregir, pero con un espíritu de celebración y de oportunidad para el otro. En la mayoría de las cartas registradas en Apocalipsis 2 y 3 Jesús comienza diciendo: Yo sé donde vives, estoy enterado de todo lo que haces, sé lo que has vivido.

Es un acto claro de conocer las virtudes de las iglesias. Pero luego Él continúa diciéndoles: Sin embargo hay algo que no me gusta de ti.

Aprendamos de Jesús. Cuando tenemos que tratar algo que no nos gusta del otro, nunca empecemos por lo que no nos gusta o no nos parece bien. Siempre comencemos por lo que podemos celebrar del otro, porque eso envía el mensaje de que queremos corrección y restauración para su bien.

Para que nuestras iglesias y equipos ministeriales sean espacios seguros para sus miembros necesitamos aprender a tratar los problemas, los defectos o las crisis, sin dejar de celebrar lo que cada uno es en el Señor.

Preguntas para la reflexión y el diálogo

• ¿Cómo te sientes con el éxito y el progreso de los demás?

• ¿Cómo podemos crecer en nuestras expresiones de agradecimiento hacia aquellos que son y han sido de gran bendición para nosotros como individuos y como comunidad de fe?

• ¿Cómo podemos mejorar nuestras expresiones de reconocimiento, celebración y promoción de los otros en la comunidad de fe y en los equipos ministeriales?

EMPODERAMIENTO

*Más empoderamiento del otro
menos manipulaciones del otro*

.

15

MANIPULACIÓN HUMANA

¡Qué lugar tan inseguro y diabólico es aquel donde la manipulación es el *modus operandi* de las relaciones interpersonales! Esos espacios humanos y comunitarios donde los individuos son vistos como objetos que se pueden usar para obtener lo que sea para el beneficio egoísta del manipulador.

La manipulación humana es la acción de influir y controlar el pensamiento, la voluntad y el comportamiento de otra persona, y siempre es un acto de degradación de la dignidad de las personas.

Si en la sociedad secular la manipulación degrada la dignidad humana, en Cristo entendemos que las conductas manipuladoras agreden la imagen de Dios en el ser humano. Por eso debemos estar alertas en nuestras congregaciones para no permitir que en las relaciones interpersonales entre miembros de la comunidad, o entre el liderazgo y la congregación, se desarrollen conductas y actitudes manipuladoras que lastimen a los individuos y establezcan un ambiente de temor e inseguridad en la comunidad de fe.

Si vamos a decirle no a la manipulación del otro, debemos entender que esta se da en tres niveles dentro de las comunidades cristianas. Los cuales, detectados a tiempo, pueden ser resistidos y erradicados para hacer de la nuestra, una comunidad segura.

El primer nivel, es la manipulación del conocimiento

En una comunidad de fe la toma de decisiones están basadas en lo que la Palabra de Dios dice. Por eso el manipulador comienza en este nivel, influenciando y controlando el pensamiento del otro. Decidiendo lo que el otro debe creer o no puede creer.

En este nivel de manipulación se usa con astucia demoníaca las verdades bíblicas, muchas veces reduciéndolas a un solo aspecto de las mismas. Otras veces usándolas como pretexto para el beneficio del manipulador. Es una manipulación que maneja con gran pericia y de forma selectiva lo que se enseña y lo que se predica. En este nivel de manipulación no se permite la reflexión personal y comunitaria sobre las enseñanzas de las Escrituras. Solo debe creerse lo que el manipulador dice y enseña, y ya. Incluso en este nivel de manipulación, la verdad muchas veces se la omite, creando un grado de ignorancia en el pueblo.

Estos manipuladores son demagogos, controlando a los demás con la palabra. Son muy hábiles con su verba y con el dominio de la semántica, manipulando a su conveniencia las definiciones de las palabras y los conceptos.

El segundo nivel, es la manipulación de las emociones

En una comunidad de fe el amar y sentirse amado, es parte de nuestra naturaleza y de nuestra esencia, y los manipuladores saben esto. Por eso al manipular el conocimiento, depositan en la mente del otro sólo la información que quieren que el otro sepa y avanzan a la manipulación de las emociones, controlando el estado anímico de los individuos.

Los manipuladores usan las verdades de la Palabra para crear temor, dependencia, sentimientos de culpabilidad, un sentido de lástima por la condición personal y una necesidad de hacer todo lo que ellos dicen al pie de la letra bajo la creencia de que si no es así van a fracasar o Dios los va a castigar.

Desarrollan en las personas una autoestima muy baja en relación a quienes son, en función de que son capaces de hacer y sobre el valor que tienen como individuos. Los convencen de que son malas personas, malos padres, malos hermanos, malos hijos de Dios. Porque en la vulnerabilidad emocional y al sentirse malos ante otros, ellos dominan.

Estos líderes manipuladores dominan la comunicación verbal y la no verbal, controlando al otro con un simple gesto o con el mismo silencio.

El tercer nivel, es la manipulación espiritual

En una comunidad de fe el experimentar la presencia y el poder sobrenatural de Dios es algo deseado, queriendo ser llenos de su Espíritu Santo, sentir a Dios, verle y sentirle presente y obrando. Y esto también lo saben los manipuladores. Por eso, a la manipulación del conocimiento, le sigue la manipulación de las emociones. Y cuando las emociones están a la merced de esas personas, entonces la manipulación espiritual encuentra su espacio en la comunidad de fe.

Se profetiza de parte de Dios cuando Dios no habló. Se juega con el deseo del otro de ser obediente y agradar a Dios para que haga lo que el manipulador quiere. Se espiritualiza todo, lo que se come, lo que se dice, lo que pasa, de tal manera que solo el manipulador tiene la respuesta y la instrucción correcta.

No es poco común que estos manipuladores espirituales lleguen al punto en que se muestran desafiantes con los seres espirituales, sean ángeles o demonios, y se burlan de ellos, los insultan y los confrontan impresionando y causando admiración en los demás, algo que les permite manipularlos.

Al leer todo esto, entonces quizá te preguntarás si eso es posible en una iglesia. De acuerdo a Judas estos niveles de manipulación se dan en una comunidad de fe porque falsos maestros y hermanos *se han infiltrado en sus iglesias* (Judas 4b, NTV).

Entonces eso quiere decir que si hemos de reducir al máximo posible la manipulación en las relaciones interpersonales y ministeriales de la iglesia, necesitamos identificar el perfil de estos falsos hermanos y líderes que manipulan la vida y el misterio de las personas en la iglesia. Esto es necesario para poder descubrirlos, corregirlos y de ser necesario sacarlos de nuestras comunidades de fe para que no sigan lastimando y engañado.

¿Cuál es el perfil de personas? De acuerdo a la epístola de Judas, NTV, estos infiltrados se distinguen porque:

1. **Son** *individuos —que pretenden tener autoridad por lo que reciben en sueños— llevan una vida inmoral, desafían a la autoridad y se burlan de los seres sobrenaturales* (Judas v. 8b)

2. **Son** gente [que] *se burla de cosas que no entiende. Como animales irracionales, hacen todo lo que les dictan sus instintos y de esta manera provocan su propia destrucción* (v. 10).

3. *Cuando estos individuos participan con ustedes en sus comidas de compañerismo —las cuales conmemoran el amor del Señor—,* **son** *como arrecifes peligrosos que pueden hacerlos naufragar.* **Son** *como pastores que no tienen vergüenza y que solo se preocupan por sí mismos.* **Son** *como nubes que pasan sobre la tierra sin dar lluvia.* **Son** *como árboles en el otoño, doblemente muertos, porque no dan fruto y han sido arrancados de raíz.* **Son** *como violentas olas del mar que arrojan la espuma de sus actos vergonzosos.* **Son** *como estrellas que han perdido su rumbo, condenadas para siempre a la más negra oscuridad* (vv. 12-13).

4. *Estos individuos* **son** *rezongones, se quejan de todo y viven solo para satisfacer sus deseos* (v. 16a).

5. **Son** *fanfarrones que se jactan de sí mismos y adulan a otros para conseguir lo que quieren* (v. 16b).

6. *Estos individuos* **son** *los que causan divisiones entre ustedes* (v. 19a).

7. **Son** *personas que se dejan llevar por sus instintos naturales porque no tienen al Espíritu de Dios en ellos* (v. 19b).

Que Dios nos libre de tales infiltrados y si llegaran a lograr introducirse en nuestras comunidades de fe, entonces que Dios nos dé el discernimiento y la inteligencia espiritual para identificarlos y confrontarlos.

Preguntas para la reflexión y el diálogo

• ¿Encuentro en mi comportamiento algún grado de manipulación hacia alguien más, sea consciente o inconsciente, que deba corregir?

• ¿Cómo vemos los niveles de manipulación, sean conscientes o inconscientes, en las relaciones interpersonales de la iglesia y de los equipos de ministerios? ¿Qué necesitamos corregir?

• ¿Cómo podemos cuidarnos como iglesia de que se infiltren manipuladores en nuestras comunidades de fe?

16

EMPODERAMIENTO DEL OTRO

Empoderar es darle a alguien el poder para hacer algo. Ese poder es la autorización que alguien recibe para hacer lo encomendado. Al liderar he aprendido que empoderar a otros es una entrega intencional de cinco elementos que hacen legítima esa autorización para que los demás sean habilitados para ser quien Dios los llamó a ser y hagan lo que Dios los llamó a hacer. Esos cinco elementos que empoderan a los demás son:

1. Autoridad – para liderar en la tarea
2. Permiso – para ser original en la tarea
3. Habilidad – para hacer bien la tarea
4. Oportunidades – para ir de menos a más en la tarea
5. Confianza – para ser fructífero en la tarea

Demos autoridad

Si en nuestras comunidades de fe vamos a empoderar a otros entonces demos autoridad al poner a cargo al otro. Eso fue lo que hizo Jesús cuando le dijo a sus discípulos: ... Se me ha dado toda autoridad en el cielo y en la tierra. Por lo tanto, vayan y hagan... (Mateo 28:18-20, NTV).

Todo aquel que es empoderado debe recibir la potestad legítima de ejercer el mando. Empoderar es dar el encargo y poner a cargo al otro para que haga la tarea. Cédele las funciones y responsabilidades de liderazgo en el área y/o trabajo asignado (de la comunidad, del equipo, de la iglesia, de la institución). Como líder no puedes estar a cargo de todo porque no puedes estar en todos lados al mismo tiempo, así que no limites (al equipo, al ministerio, a la institución) a donde solamente tú puedes estar presente y cuando solamente tú puedes liderar. Cuando delegues funciones y pones a cargo a otros extiende las fronteras y amplia el alcance (del equipo, del ministerio, de la institución).

Demos permiso

Damos permiso al permitir que el otro sea él mismo en su mejor expresión. Pablo enseñó que *si todo el cuerpo fuera ojo, no podríamos oír. Y si todo el cuerpo fuera oído, no podríamos oler. Pero Dios ha puesto cada miembro del cuerpo en el sitio que mejor le pareció"* (1 Corintios 12:17-18, DHH).

Todo aquel que es empoderado debe recibir el consentimiento para ser y hacer en el área en que se le ha encargado, según entienda que debe hacerlo, de acuerdo a sus funciones en relación con la misión, visión y tarea asignada (de la comunidad, del equipo, del ministerio, de la institución). Autoridad sin el permiso de ser y hacer, no es empoderamiento.

El otro no hará exactamente como tú lo harías porque sencillamente es diferente a ti. Pero si le diste autoridad, dale el permiso de ser original y hacer las cosas como él las haría, y no esperes que sea un calco tuyo en su forma de ser y hacer. Empoderar es darle al otro el permiso de ser la mejor expresión de sí mismo mientras hace la tarea asignada.

Ahora, la persona empoderada representa el carácter moral y laboral (del equipo, del ministerio, de la institución). Si no crees que le puedes dar al otro esta clase de permiso porque no representará a través de su ser y hacer el carácter y la naturaleza (de la comunidad, del equipo, del ministerio, de la institución), entonces no le des autoridad, o sea, no lo empoderes.

Empodera

Empoderamos al comprometernos con la formación y capacitación del otro. Cuando Jesús ascendió a los cielos le dijo a los discípulos que para realizar su ministerio apostólico *recibirán poder cuando el Espíritu Santo descienda sobre ustedes; y serán mis testigos* (Hechos 1:8b, NTV).

Si a la autoridad le debemos sumar permiso, al permiso le debemos añadir empoderamiento. El acto de empoderar no es pasivo sino, muy por el contrario, es dinámico. Las iglesias y su liderazgo empoderan a los miembros de la comunidad de fe cuando se comprometen con el crecimiento personal, ministerial y profesional de ellos.

Es muy probable que la persona que se está empoderando tenga el potencial para la posición y la tarea pero necesite crecer y madurar, entonces al permiso hay que acompañarlo de un compromiso de quien empodera de contribuir a la formación y capacitación del otro, al mismo tiempo que el otro muestra un compromiso consigo mismo de formarse y de capacitarse para ejecutar la tarea con destreza.

Empoderar es una jornada de formación y capacitación donde el que empodera y el que es empoderado se comprometen mutuamente a crecer en lo personal, ministerial y profesional.

Da oportunidades

Empoderamos cuando damos oportunidades que le permitan al otro crecer en madurez a medida que va asumiendo mayores responsabilidades. Así lo entendía el Señor Jesús, por eso le dijo a sus seguidores que *si son fieles en las cosas pequeñas, serán fieles en las grandes; pero si son deshonestos en las cosas pequeñas, no actuarán con honradez en las responsabilidades más grandes* (Lucas 16:10, NTV).

Empoderar para la acción madura y responsable es un proceso

de experiencias progresivas donde quien está siendo empoderado va asumiendo responsabilidades en la misma dimensión en la que va creciendo como persona, como miembro del equipo y como líder, sea en lo espiritual, en lo emocional o en lo profesional.

Al poner a otro a cargo de una posición o una tarea sé también intencional en la forma de llevarlo de menos a más en las responsabilidades, creando espacios seguros de conversación, evaluación y corrección.

Jesús llamó a sus discípulos desde el día uno para que fueran apóstoles, pero su tiempo con ellos fue de tres años. A lo largo de ese período les dio órdenes y les encargó tareas de responsabilidades circunstanciales y temporales. Tareas como preparar a una multitud para recibir el milagro de la multiplicación. También a ir por las ciudades vecinas predicando el evangelio del reino de Dios hasta llegar al momento de darles la Gran Comisión. Jesús buscaba que asumieran la responsabilidad de ser ellos mismos usados por Dios para hacer milagros y ministrar a multitudes llevando el evangelio desde Jerusalén hasta lo último de la tierra.

Empoderar es también un proceso de dar órdenes y encargos al otro que crean oportunidades para llevarlo de menos a más en su accionar maduro y responsable en el ejercicio del ministerio y en el liderazgo.

Demos confianza

Damos confianza al creer en el otro para que tenga convicción en que puede realizar la tarea. Así se sentía Pablo cuando pensaba en la forma que el Señor Jesús había confiado en él. Por eso escribió: *Le doy gracias a Cristo Jesús nuestro Señor, quien me ha dado fuerzas para llevar a cabo su obra. Él me consideró digno de confianza y me designó para servirlo* (1 Timoteo 1:12, NTV).

Empoderar es un acto puntual de creer, es una acción emocional de esperanza en el otro, convencido de que hará con eficacia la tarea que se le ha encomendado.

Empoderar también es un acto continuo de confianza en el otro que nos pide transmitir ánimo, aliento y fuerza emocional al valorar al otro como persona y al reconocer sus cualidades y habilidades, así como también su importancia (en la comunidad, en el equipo, el ministerio, en la institución) de tal manera que crezca en seguridad personal para hacer la tarea.

Aunque lo que hacemos es para agradar al Señor y no para que los demás nos alaben, lo cierto es que el tanque emocional de una persona necesita estar lleno para sentir seguridad y confianza en lo que emprende.

Desarrollemos (en la comunidad, en el equipo, el ministerio, en la institución) una cultura de honra y celebración del otro y de lo que el otro hace, al mismo tiempo que se va creciendo en madurez y habilidad para la tarea. Saber que los demás confían en uno, aumenta la confianza en uno mismo y eso a su vez aumenta la efectividad en lo que uno hace.

Preguntas para la reflexión y el diálogo

• ¿Qué conductas y actitudes de tus líderes o de tus compañeros te animan, y te hacen sentir empoderado para ser lo que Dios te llamó a ser y hacer lo que Dios te llamó a hacer?

• ¿Cómo estos cinco elementos del empoderamiento están presentes en nuestra comunidad y en nuestros equipos?

• ¿Qué cambios necesitamos hacer para empoderar con más libertad a los miembros y a los que sirven en el ministerio de la iglesia?

CONCLUSIÓN

Durante todas estas páginas he querido dejar en claro que una comunidad segura es ese espacio común en nuestra iglesia, en el ministerio donde servimos, incluso en nuestras familias y lugares de trabajo, donde cada persona puede sentirse libre. Libre de ser quien es sin tener que aparentar ser lo que no es, porque se siente seguro y a salvo al mismo tiempo que asume la responsabilidad de la salud de su comunidad de fe.

Siendo una comunidad segura, entonces las condiciones están dadas para que la salud y la sanidad sean algo que fluya a través de todos, y no solo de unos cuantos, con acciones espirituales que todos los miembros de la iglesia pueden y deben realizar.

Los apóstoles instruyen a los miembros de las comunidades de fe en el Nuevo Testamento a practicar las siguientes acciones *unos a otros:*

• **Aceptarse** unos a otros: Por eso, es necesario que se acepten unos a otros tal y como son, así como Cristo los aceptó a ustedes. Así, todos alabarán a Dios (Romanos 15:7, TLA).

• **Soportarnos** unos a otros: Yo pues, preso en el Señor, os ruego que andéis como es digno de la vocación con que fuisteis llamados, con toda humildad y mansedumbre, soportándoos con paciencia los unos a los otros en amor, solícitos en guardar la unidad del Espíritu en el vínculo de la paz; un cuerpo, y un Espíritu, como fuisteis también llamados en una misma esperanza de vuestra vocación (Efesios 4:1-4).

• **Saludarse** unos a otros: Salúdense entre ustedes con mucho cariño y afecto. Todas las iglesias de Cristo les envían sus saludos (Romanos 16:16, TLA).

- **Conversar** unos con otros: *No erréis; las malas conversaciones corrompen las buenas costumbres* (1 Corintios 15:33). *Hablando entre vosotros con salmos, con himnos y cánticos espirituales, cantando y alabando al Señor en vuestros corazones; dando siempre gracias por todo al Dios y Padre, en el nombre de nuestro Señor Jesucristo* (Efesios 5:19-20).

- **Respetarse** unos a otros: *Ámense unos a otros como hermanos y respétense siempre* (Romanos 12:10, TLA).

- **Corregirse** unos a otros: *Hermanos, ustedes son guiados por el Espíritu de Dios. Por lo tanto, si descubren que alguien ha pecado, deben corregirlo con buenas palabras. Pero tengan cuidado de no ser tentados a hacer lo malo* (Gálatas 6:1, TLA).

- **Aconsejarse** unos a otros: *Hermanos en Cristo, estoy seguro de que ustedes son muy buenos y están llenos de conocimientos, pues saben aconsejarse unos a otros* (Romanos 15:14, TLA).

- **Sujetarse** unos a otros: *Ustedes, que honran a Cristo, deben sujetarse los unos a los otros* (Efesios 5:21, TLA).

- **Orar** unos por otros: *Por eso, confiesen sus pecados unos a otros, y oren unos por otros, para que Dios los sane. La oración de una persona buena* [del justo] *es muy poderosa, porque Dios la escucha* (Santiago 5:16, TLA).

- **Ministrarse** unos a otros: *Cada uno según el don que ha recibido, minístrelo a los otros, como buenos administradores de la multiforme gracia de Dios* (1 Pedro 4:10, RV60). *Cada uno de ustedes ha recibido de Dios alguna capacidad especial. Úsela bien en el servicio a los demás* (1 Pedro 4:10, TLA).

Probablemente en alguna edición futura de ***Comunidad segura*** o en algún otro libro que escriba quisiera poder describir con detalle cada una de estas 10 acciones que hacen a la convivencia de los que son parte de la iglesia de Jesucristo. Por ahora solo les dejo con un llamado a que estas acciones no sean la responsabilidad de los pastores o de los líderes de la iglesia, sino la acción de cada uno de aquellos que amamos a Dios con todo el corazón, amamos a nuestro prójimo y en especial a nuestros hermanos en la fe, como el Señor nos ha amado.

Eso es todo, queridos hermanos. Me despido de ustedes pidiéndoles que estén alegres. Traten de ser mejores. Háganme caso. Pónganse de acuerdo unos con otros y vivan tranquilos. Y el Dios que nos ama y nos da paz, estará con ustedes (2 Corintios 13:11, TLA).

Preguntas para la reflexión y el diálogo

• ¿Cuáles de estas 10 acciones practicas con facilidad y cuáles te cuestan y por qué?

• ¿Qué podemos hacer para cultivar estas 10 acciones como hábito en la iglesia?

COMUNIDAD SEGURA

Guía de lectura y diálogo de grupo

Reunión 1:

• Tema: Prefacio e Introducción.
• Enfoque: Lean juntos el tema de la reunión y conversen al respecto. Enfóquense principalmente sobre qué significa para el grupo ser una comunidad y sentirse seguros en ella.
• Asignen las lecturas devocionales de la semana.

   • Día 1. Capítulo 1: Koinonia.
   • Día 2: Capítulo 2: Comunidad de Dios.
   • Día 3: Capítulo 3: Relación con Dios.
   • Día 4: Capítulo 4: Enfoque de parte de Dios.
   • Día 5: Capítulo 5: Colaboradores de Dios.
   • Día 6: Capítulo 6: Equipo para servir a Dios.

Reunión 2:

• Tema: Seamos comunidad - Capítulos 1 al 6.
• Enfoque: Hagan un repaso general a manera de resumen de koinonía y las cinco características de una comunidad de Dios. Conversen sobre las reflexiones personales y lo que sienten que Dios les está hablando individualmente y como grupo.
• Asignen las lecturas devocionales de la semana.

   • Día 1: Capítulo 7: Diplomacia religiosa.
   • Día 2: Capítulo 8: Honestidad relacional.
   • Día 3: Capítulo 9: Monólogo gerencial.
   • Día 4: Capítulo 10: Conversación intencional.
   • Día 5: Reflexionen sobre todo lo leído y escriban lo que Dios les esté hablando.

Reunión 3:

• Tema: Demos Seguridad - Capítulos 7 al 10.
• Enfoque: Hagan un repaso general a manera de resumen de lo leído durante la semana. Conversen sobre las reflexiones personales y lo que sienten que Dios les está hablando individualmente y como grupo.
• Asignen las lecturas devocionales de la semana.

> • Día 1: Capítulo 11: Juicio congregacional.
> • Día 2: Capítulo 12: Evaluación personal.
> • Día 3: Capítulo 13: Crítica destructiva y envidiosa.
> • Día 4: Capítulo 14: Reconocimiento del otro.
> • Día 5: Reflexionen sobre todo lo leído y escriban lo que Dios le esté hablando.

Reunión 4:

• Tema: Demos Seguridad - Capítulos 11 al 14.
• Enfoque: Hagan un repaso general a manera de resumen de lo leído durante la semana. Conversen sobre las reflexiones personales y lo que sienten que Dios les está hablando individualmente y como grupo.
• Asignen las lecturas devocionales de la semana.

> • Día 1: Capítulo 15: Manipulación humana.
> • Día 2: Capítulo 16: Empoderamiento del otro.
> • Día 3: Conclusión.

• Día 4: Reflexionen sobre las primeras cinco acciones que se espera que cada miembro de la comunidad de fe practique: aceptarse, soportarnos, saludarse, conversar y respetarse. Respondan a las siguientes preguntas: ¿Qué significa cada una de esas acciones desde el entendimiento bíblico de cada uno? Y ¿cómo podemos promover estas acciones en la iglesia como una responsabilidad de todos?

• Día 5: Reflexionen sobre las siguientes cinco acciones que se espera que cada miembro de la comunidad de fe practique: corregirse, aconsejarse, sujetarse, orar, ministrarse. Respondan a las siguientes preguntas: ¿Qué significa esa acción desde mi entendimiento bíblico? Y ¿cómo podemos promoverlas en la iglesia como una responsabilidad de todos?

Reunión 5:

• Tema: Capítulos 15 y 16, y la Conclusión.
• Enfoque: Hagan un repaso general a manera de resumen de lo leído durante la semana. Conversen sobre las reflexiones personales y lo que sienten que Dios les está hablando individualmente y como grupo.

GUÍA DE LECTURA

y diálogos para 4 meses

Durante la reunión semanal:

• Hagan un repaso general a manera de resumen de lo leído durante la semana.
• Conversen sobre las reflexiones personales y lo que sienten que Dios les está hablando individualmente y como grupo.
• Asignen la lectura de la semana.
• En la primera reunión lean juntos el prefacio y la introducción. Conversen principalmente sobre lo que significa para el grupo ser una comunidad y sentirse seguros en ella.

Reuniones y lecturas semanales

Reunión 1: No más autopsias.
 • Lectura de la semana: Capítulo 1

Reunión 2: Koinonia.
 • Lectura de la semana: Capítulo 2

Reunión 3: Comunidad de Dios.
 • Lectura de la semana: Capítulo 3

Reunión 4: Relación con Dios.
 • Lectura de la semana: Capítulo 4

Reunión 5: Enfoque de parte de Dios.
 • Lectura de la semana: Capítulo 5

Reunión 6: Colaboradores de Dios.
   • Lectura de la semana: Capítulo 6

Reunión 7: Equipo para servir a Dios.
   • Lectura de la semana: Capítulo 7

Reunión 8: Diplomacia religiosa.
   • Lectura de la semana: Capítulo 8

Reunión 9: Honestidad relacional.
   • Lectura de la semana: Capítulo 9

Reunión 10: Monólogo gerencial.
   • Lectura de la semana: Capítulo 10

Reunión 11: Conversación intencional.
   • Lectura de la semana: Capítulo 11

Reunión 12: Juicio congregacional.
   • Lectura de la semana: Capítulo 12

Reunión 13 Evaluación personal.
   • Lectura de la semana: Capítulo 13

Reunión 14: Crítica destructiva y envidiosa.
   • Lectura de la semana: Capítulo 14

Reunión 15: Reconocimiento del otro.
   • Lectura de la semana: Capítulo 15

Reunión 16: Manipulación humana.
   • Lectura de la semana: Capítulo 16

Reunión 17: Empoderamiento del otro.
   • Lectura de la semana: Conclusión.

Reunión 18: Unos a otros, unos con otros, unos por otros.

Un ministerio dedicado al desarrollo de iglesias,
pastores y líderes saludables que cumplan con la misión de Dios.

www.conexionpastoral.com

info@conexionpastoral.com

Made in the USA
Monee, IL
20 September 2024